新视域下
广播电视编导创新探究

邱丽亚 著

汕头大学出版社

图书在版编目（CIP）数据

新视域下广播电视编导创新探究 / 邱丽亚著. -- 汕头：汕头大学出版社，2019.4
ISBN 978-7-5658-3949-8

Ⅰ. ①新… Ⅱ. ①邱… Ⅲ. ①广播节目－节目制作－探究②电视节目制作－探究 Ⅳ. ①G222.3

中国版本图书馆CIP数据核字(2019)第072676号

新视域下广播电视编导创新探究
XINSHIYU XIA GUANGBO DIANSHI BIANDAO CHUANGXIN TANJIU

| 作　　者：邱丽亚
| 责任编辑：汪艳蕾
| 责任技编：黄东生
| 封面设计：周　凡
| 出版发行：汕头大学出版社
| 广东省汕头市大学路243号汕头大学校园内 邮政编码：515063
| 电　　话：0754-82904613
| 印　　刷：廊坊市海涛印刷有限公司
| 开　　本：880mm×1230 mm　1/32
| 印　　张：5.25
| 字　　数：100千字
| 版　　次：2019年4月第1版
| 印　　次：2022年7月第1次印刷
| 定　　价：46.00元

ISBN 978-7-5658-3949-8

版权所有，翻版必究
如发现印装质量问题，请与承印厂联系退换

作者简介

邱丽亚，1983年1月生，籍贯云南省丽江市，纳西族，中共党员，本科，毕业于中国传媒大学广播电视编导专业，南开大学研究生学历。现供职于丽江广播电视台，主任编辑，其间以制播分离方式担任云南广播电视台《走遍云南》制片人、主持人。作品曾获得国家级云南省广播电视奖一、二等奖；个人荣获丽江市"蓝月亮"文化艺术综合奖和"优秀人才奖"；个人独撰论文先后在《电视指南》《科技传播》《边疆文学》《影响力》等国家和省市级刊物上发表。

前　　言

在传播技术更迭迅速的当下，具有较高创新能力的广播电视编导已成为社会发展所需的稀缺资源。这一方面是因为市场需求刺激，另一方面是因为目前广播电视编导人才培养机制与体制中存在着诸多问题。一般来说，传统的广播电视人才培养模式局限于职业性或学术性，而随着时代的发展，广播电视编导人才的要求更多地转向了实践技能和职业素养等方面。为应对这种变化，高校与其他相应机构的广播电视编导人才的培养模式是有必要做出极大的调整与改变。

首先，业内对广播电视编导专业的定位仍存在巨大的偏差。广播电视编导的基本定位是电视和传媒类，但是长期以来，基于学科分类模糊等因素，不少从业人员即使在工作了很长一段时间之后仍分不清自己职业的具体属性与范畴，甚至由于自身定位不清，而影响了其职业规划与发展，影响了其潜能的发挥。

其次，广播电视编导从业人员的素质有待提高。虽然现在很多数企业都非常注重编导人员的实际工作能力，特别是创新能力，但选择人才的时候还是偏向理论考核与实践相结合的方式。虽然这使人才的选拔变得更加严格，但是，也影响了高校对该专业人才的培养方向。实际上，很多高校对这一问题也日益重视，都力图从学校自身实际的情况出发，发展出适合市场需求的广播电视编导人才培养模式与体系。

到目前为止，我国现阶段对广播电视编导人才的培养还存在诸多问题。一是高校的教学资源和教学观念问题不少。广播电视编导专业是一种强调应用的专业，不少高校在教学硬件和软件方面还达不到要求，特别是在提升学生创新素质与创新能力方面还存在不少缺陷，这些都需要高校或相关机构根据广电传媒行业新的发展动态在教学方式上及时做出调整。二是学生的创新意识较弱。这是中国学生的普遍现象，所以高校应结合广播电视行业的发展状况来合理安排人才培养计划，应从师资力量、课程设置等方面加以落实，从课堂教学开始积极培养学生的创新精神，重视学生个性发展，大力塑造学生的创新意识和观念，这样才有利于改行业的健康发展。

总之，广播电视编导人员的能力发展必须适应当前及未来一段时间社会发展的趋势，高校及各相关机构要从政策机制、教学策略、行业规章制度等方面加大力度，为广播电视人员拓宽创新创业的渠道，如此才能适应行业快速发展的要求。

CONTENTS
目 录

第一章　广播电视与广播电视编导 ………………………………… 1
第一节　广播电视概述 ……………………………………………… 1
第二节　广播电视编导 ……………………………………………… 4

第二章　新视域下的新媒体及其经营模式 ………………………… 8
第一节　新媒体的定义和特点 ……………………………………… 8
第二节　新媒体的传播形式 ………………………………………… 13
第三节　新视域下新媒体对广播电视传媒业的影响 ……………… 16

第三章　新视域下的广播电视编导生存现状及要求 ……………… 19
第一节　新视域下的广播电视媒体生态现状 ……………………… 19
第二节　新视域下广播电视编导的现实性发展 …………………… 32
第三节　新视域下广播电视编导的新要求 ………………………… 36
第四节　新视域下广播电视编导的职业素养要求 ………………… 40

第四章　创新及创新思维的相关理论 43
第一节　创新与创新思维的理论依据 43
第二节　广播电视编导创新思维的具体分析 54
第三节　新视域背景下广播电视编导的创新性转型 99

第五章　新视域下广播电视编导创新培养机制的建构 108
第一节　我国目前广播电视编导专业的现状 108
第二节　新视域下我国高校广播电视编导专业构建策略 109
第三节　新视域下广播电视编导创新思维能力的培养 114
第四节　新视域下广播电视编导创新思维机制的培养 117
第五节　新视域下广播电视编导专业的创新型教学模式 121
第六节　新视域下广播电视编导人才实践能力培养提升策略 130
第七节　新视域下广播电视编导创新创业实践能力培养策略分析 133

第六章　新视域下广播电视编导创新型节目案例及其分析 138
第一节　"商业宣传片制作"中的编导文案创意能力体现分析 138
第二节　微电影《阳关》《格拉故事》中的编导创意能力体现分析 145

参考文献 155

第一章 广播电视与广播电视编导

第一节 广播电视概述

一、我国对广播电视的定义

广播电视是通过无线电波或导线向广大地区播送音响、图像节目的传播媒体。只播送声音的，称为声音广播；播送图像和声音的，称为电视广播。广播电视具有明显的信息产业的基本功能，即生产和传递信息的功能、导向社会资源优化配置的功能、经营信息的功能等。

二、世界其他国家对广播电视的定义

（一）丹麦

丹麦1998年制定的广播法对有线电视的定义是："有线电视系统是为私人住宅传送广播和电视节目的系统。"

（二）澳大利亚

澳大利亚1992年制定的广播法对广播电视的定义是："利用广播频谱、有线、光纤、卫星或者其他手段或者以上各种手段的综合方法，为拥有相应接收设备的人提供电视节目或者广播节目服务。但不包括以下服务：一是单纯提供数据或者图文服务；二是点对点的节目服务，包括拨号服务；三是澳大

利亚广播电视委员会在公报中指定除外的服务。"

（三）加拿大

加拿大1991年制定的广播法对广播电视的定义是："利用无线或者其他通信手段，为公众提供通过广播接收设备接收的加密或者不加密的节目，但不包括专门为演示而传输的节目。"

（四）美国

《美国联邦通信法》第3条和第6款对广播电视的定义是："为了公众接受，直接或通过传播，进行广播电视传播。"

《美国联邦通信法》第602条第6款对有线电视服务的定义是：①向订户单向传输视频节目或其他节目服务；②为订户提供交互服务，即提供视频节目或其他节目服务供订户选择。

三、广播电视体制

体制是指国家机关、企业、事业单位等的组织制度。比如教育体制、医疗体制、经济体制、文化体制等。广播电视体制是文化体制的一种，目前我国的广播电视基本属性为事业性质，实行事业单位、企业化管理体制。因此，我国的广播电视体制是指广播电视事业单位的组织制度，即广播电视工作、事业管理的制度和方式。

前人学者在研究中将我国的广播电视体制大体分为管理体制、制作播出体制、人事体制、财务体制几个大类。

四、广播电视事业与广播电视产业

我国的广播电视事业发展从属于中国特色社会主义文化建设，要了解广播电视事业与产业的概念，我们需要先了解文化事业与文化产业的含义。关于文化事业的定义学界有很多种看法。有的学者对文化事业的界定比较宽泛，将文化产业也包含在内。较有代表性的是胡拳，他认为广义的文化事业既包括文化产业，又包括无法进行产业化运作的公益性文化事业。目前我们所说的文化事业，既包括公益性文化事业，又包括经营性文化产业。而有的学者将文化事业设定为一个与文化产业相对的概念。较有代表性的是赵晶媛，她认为，文化产业是一个与文化事业相对的概念，在中国公益性文化事业与经营性文化产业都是大文化范畴内的具体概念，共同构成中国的文化建设。

由上可知，我国对广播电视事业的定义也有广义和狭义之分。从广义上来讲，整个广播电视事业包括经营性广播电视产业；而从狭义上讲，广播电视事业是指除经营性广电产业之外的部分，它是一个相对于广播电视产业的概念。在本书中，谈到广播电视体制时主要采取广义的概念，谈到事业与产业协调发展时主要采取狭义的概念。而对于广播电视产业来说，它是文化产业的一部分，其定义也有狭义和广义之分。狭义的广播电视产业是指广播电视机构生产、播放、营销广播电视节目和以广告经营为主体的企业行为的集合。广义的广播电视产业是指由广播电视所引起的一切经济活动的总和。宫承波教授认为广播电视产业是传媒产业的子概念，他指出：可把与广播电视相关的按照商品标准生产、再生产、存储、分配和消费的所有节目，以及其他相关服务的所有市场行为和经济行为统称为广播电视产业。

第二节 广播电视编导

一、广播电视编导工种的辨析

改革开放以来，中国广播电视事业发展突飞猛进，电视节目从 20 世纪 80 年代仅有的"新闻"和"文艺"这两种，发展到今天丰富多彩的节目形式和包罗万象的节目内容。大家对电视新闻记者、节目主持人、节目编导、电视摄像、视频编辑、栏目制片人等职务称谓已耳熟能详，但如果仔细考量一下其中"编导"的定义，却让人感到有些迷惑和无所适从。一个显而易见的事实是，任何电视节目的生产流程都可以分为策划构思、前期拍摄、后期制作 3 个阶段（在直播节目中，后 2 个阶段合而为一）：策划构思阶段主要包括选题策划、构思创意；前期拍摄阶段主要包括现场拍摄录制（包括采访）；后期制作阶段主要包括视频编辑、配音和合成，而编导的工作贯穿电视节目制作全过程。但是，如果节目的形态是大型的现场直播或演播室节目，"编导"这一工作似乎又可分解为策划、记者、主持人、导演、编辑、导播等职务；如果"编导"是所有这些分工环节的统揽者和指导者，那么"编导"的功能又与"制片"或"制片人"相混淆。与此有关的还有一个问题，那就是"编导"这一专业化程度很高的职业到底姓"文"还是姓"艺"。对传统的电视文艺节目（如晚会、电视剧）来说，编导当然会更多地承袭电影或戏剧的导演艺术；但对纪实类、竞技类、服务类和谈话类等节目而言，编导却需要更宽广的社会科学与人文科学的视野；同时，由于电视业的竞争激烈，编导还需具备针对目标市场的研究与策划能力。这些能力和素质已远远超出了只是娴熟运用视听语言艺术的范围。

其实，在电视实务界本身，许多有心人已经发现了上述问题。例如，徐秋艳认为，"国内的电视编导工作往往是英语国家电视行业中 editor 和 producer 两个工种的总合"，她经权衡后认为，"编导"的英译文应该是 producer，而不是 editor。但是该观点对"编导"的英文释义最终还是不够清晰（因为汉语环境已把 producer 认定为"制片人"，不管是电影还是电视），并且缺乏学理上的论证。

当然，要历史地看待中国特有的"编导"这一称谓，其含义是随着产业环境变迁和传播体制与媒体管理改革而变化的。"存在的就是合理的"，"编导"概念的不确定性，好像并没有在电视节目生产与传播的实际工作中带来什么明显阻碍。但这只是经验主义的狭隘意识，因为如果基于这种意识来看待电视编导专业技能的学习，那么就只会停留在适应手工业作坊式的师徒相传的教育方式上。如果我们承认"广播电视编导"需要成为学校的专业化学科，那么就必须对经验问题进行理论澄清，使广播电视编导的社会分工处于专门的学科知识基础之上。这里研究的目的就在于试图为广播电视编导这一职业进行学理上的论证，使目前广播电视编导从业人员（或高校相关专业的教师或学生）能更为准确地认识到自身的专业与职业特性，从而按照社会要求做出更大的贡献。

二、编导的职责

好的电视节目可以说是一种综合性的艺术形式。电视节目题材不仅要来源于真实的社会生活，还要紧跟时代需求，比如说现在电视节目中比较热门的求职类、相亲类、解决家庭纠纷类的节目，都是根据现阶段社会中比较热门的问题或网络上热议的话题制作而成的，既能反映当下人们的生活现状，又能引起观众的兴趣和在网络上的热议。这些节目的制作都是较为成功的，也是编导专业素养和创新能力很好的体现。可以说，成功的电视节目的每一步都离不开编导的设计和创新。在节目形成初期，编导要根据现实生活和时代特点设计出新颖的节目题材，为采访和摄制准备多套成形方案；影片摄制好后，编导还要对其进行剪辑、成片，最后才能形成一个完整的电视节目——在这每一个环节中，我们都可以发现点编导所起的重要作用。编导的具体职责体现在以下几个方面。

（一）节目创作时期

在广播电视节目创作时期，编导要进行节目题材的选择，节目题材是这一档电视节目成功的关键。编导在选题时，不但要结合实际生活了解观众的实际需要，而且要创造性地思考，选出内容新奇又符合大众需求的题材，然后根据题材拟定节目提纲，包括对节目摄制过程中突发情况的预测等。在实际操作环节，编导要组建摄制组，包括人员和设备等，最重要的是，编导要带领整个节目组对拍摄地进行实地考察，对节目的拍摄进行前期准备。

（二）拍摄采访过程

广播电视节目的编导在正式制作或拍摄中负责联系和统筹，包括节目制作、拍摄时间和地点的选择等，安排和协调节目拍摄进度也属于编导的职责范围。在实际制作或拍摄中，编导还要对采访、拍摄给予一定指导，在出现突发状况时，编导必须及时进行协调、处理，这种突发状况是对编导协调能力的极大考验。

（三）后期制作过程

广播电视节目的后期制作影响到节目最终呈现质量，是广播电视节目制作过程中的关键阶段，编导要在其中负责节目视频字幕的处理、文字材料的进一步审查。最重要的一点是，编导要把自己的创作思路传达给剪辑师，这样才能呈献给观众高质量、充满创造性的广播电视节目。

第二章　新视域下的新媒体及其经营模式

第一节　新媒体的定义和特点

一、新媒体的定义

目前对新媒体较流行的定义是，新媒体（new media）是一个宽泛的概念，是利用数字技术、网络技术，通过互联网、宽带局域网、无线通信网、卫星等渠道，以及电脑、手机、数字电视机等终端，向用户提供信息和娱乐服务的传播形态。新媒体是信息科技与媒体产品的紧密结合，是媒体传播市场发展的趋势和方向。

在另一种技术层面的定义中，新媒体被阐释为"TMT"，即高科技（technology）、媒体内容（media）和通信传输（tele-com）的结合。

据不完全统计，目前比较热门的新媒体不下 30 种，如数字电视、直播卫星电视、移动电视、IPTV、博客（blog）、播客（podcasting）、网络电视（WebTV）、电视上网、楼宇视屏、移动多媒体（手机短信、手机彩信、手机游戏、手机电视、手机电台、手机报纸等）、网上即时通信群组、对话链（chatwords）、虚拟社区、搜索引擎、简易聚合（RSS）、电子信箱、门户网站，等等。其中既有新媒体形式，又有不少属于新媒体硬件、新媒体软件，或者新的媒体经营模式。

第二章 新视域下的新媒体及其经营模式

整体而言，目前对新媒体的定义包含以下几个方面的含义：首先，新媒体是相对于传统媒体而言的，但需要强调的是，新出现的媒体并不一定是新媒体；其次，新媒体是在新的数字技术支撑体系下出现的媒体形态，利用数字发送和接收设备终端，向用户提供传媒信息；再次，新媒体的传播是高度互动的，而非传统媒体的线性方式；最后，新媒体的传输内容是复合多元化的。

新媒体是一个相对的概念，是我们平时见到的报刊、广播、电视等传统媒体之外的新的媒体形态。综上所述，本书对新媒体做出如下定义：新媒体是不同于传统媒体的，基于数字技术的，具有高度互动性，传输多元复合信息的媒体。

相对于报刊、户外、广播、电视等传统意义上的媒体，新媒体被形象地称为第五媒体。

二、新媒体的特点

第一，迎合人们休闲娱乐时间碎片化的需求。由于工作与生活节奏的加快，人们的休闲时间呈现出碎片化倾向，新媒体的产生正是迎合了这种需求。

第二，满足人们随时随地互动性表达、娱乐与获取信息的需要。以互联网为标志的第三代媒体，在传播的诉求方面走向个性表达与交流阶段。对网络电视和手机电视而言，消费者同时也是生产者。

第三，人们使用新媒体的目的性与选择的主动性更强。

第四，媒体使用与内容选择更具个性化，导致市场细分更加充分。

三、新媒体的几种形式

（一）手机媒体

手机已经成为人们生活中的必需品，国内外手机的使用率和普及率大幅度提高，其功能也大大突破了单一的通信功能，手机从原来单纯的通信工具成为如今的新兴媒体，成为一种新兴媒体，进一步满足了人们越来越高的信息获取要求。

目前，手机的媒体性功能大致可以划分为3个部分：一是手机与互联网的结合，也就是手机上网功能；二是新闻媒体组织通过手机为广大消费者开通手机报，实现手机看报功能；三是手机电视，人们可以在手机上观看电视。

手机媒体受众面广、即时性强，并且交互性突出，其发展方兴未艾，这样一个信息服务平台将会越来越受到广大消费者的青睐，应用潜力不可限量。

（二）IPTV

IPTV 即交互式网络电视，一般是指通过互联网络，特别是宽带互联网络传播视频节目的服务形式，是一种新兴的技术。IPTV，很好地适应了当今互联网高速发展的态势，能够充分有效地利用网络资源。

IPTV 的用户可以从以下3种方式中人选一种接收服务：一是通过个人电脑；二是通过网络机顶盒电视机；三是通过移动终端，如 iPhone、iPad 等。

IPTV 的用户不再是被动的信息接收者，他们可以根据需要有选择地收看节目内容。交互性是 IPTV 的重要特征之一，也是人们愿意使用它的重要原因，这使得它在未来竞争中处

第二章 新视域下的新媒体及其经营模式

于优势地位。

（三）数字电视

数字电视是一个从节目采集、制作和传输到用户过程都以数字方式处理信号的端到端系统。作为新媒体之一的数字电视把电视传播方式与信息技术融于一身，其数字信号传播速率高，保证了电视的高清晰度，对人们有很强的吸引力。

数字电视采用了双向信息传输技术，增加了交互能力，让电视拥有了许多全新的功能，使用户可以按照自己的需要获取所需的网络服务，如视频点播、远程教学、远程医疗、网上购物等。

目前，数字电视提供得最多的业务就是视频点播服务。对传统电视而言，用户只能收看电视台播放的电视节目。数字电视的出现，使用户拥有了更大的自由度、更多的选择，交互能力也得到极大增强。可以说，数字电视把电视从封闭的单向输出变成了交流互动的窗口。

（四）移动电视

移动电视是指在可移动载体上，通过电视终端接收无线信号的形式来收看电视节目的一种技术应用。移动电视发展迅速，它不但覆盖面广，而且反应迅速、移动性强。更值得一提的是，它除了传统媒体的宣传和欣赏功能外，还具备发布城市应急信息的功能。

移动电视的典型代表是公交移动电视和电梯电视。"强迫收视"是公交移动电视和电梯电视最大的特点，乘客身在公交车或电梯里，没有选择电视频道的权力，这种被动接收观看的状态，无疑会降低公交移动电视和电梯电视的收视率，然而目前还没有办法很好地解决这个问题。

但是,传播的强制性对于利用移动电视进行宣传的组织来说却是一个有利因素。因为公交移动电视和电梯电视正是抓住了受众在乘车、等候电梯等短暂的无聊时间进行强制性传播,使得消费者在别无选择时被迫接受传播信息,这对于某些预设好的内容(比如广告)来说,传播效果非常理想。

(五)博客

博客(Blog),即网络日志,是一种由个人管理、不定期发布新文章的网站。有的博客专注在某个特定的主题上,提供评论或新闻;还有的博客是专门发布个人的日常经历及其引发的所思所想,也就是个人日记。博客的即时性、自主性、开放性和互动性为人们提供了一定程度的话语自由。博客的读者以互动方式留下意见,增强了群体之间的信息沟通,体现了人类共享精神。

2000年博客开始进入中国,发展迅速。从那时起,人们对它的研究就没有中断过。2005年人们对博客的思考较之于以前更加深入,而且研究的角度更加多样化。博客在信息爆炸的互联网时代扮演着重要角色,它具备信息收集、阐释、整理能力,同时也是个人想法的信息收集者。无论是在商业应用上,还是在代表个人或机构、政府组织方面,博主们都有望成为公众的网络信息代言人。

(六)播客

"播客"又被称作"有声博客",是中文的直译,这一概念是2004年2月12日由哈默斯利(Hammersley)提出来的。起初是用来指苹果公司生产的iPad便携式音频播放器中的音

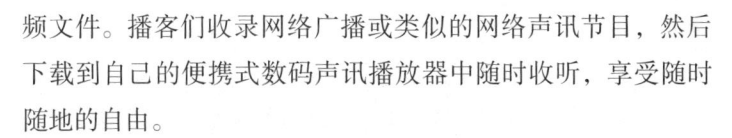

频文件。播客们收录网络广播或类似的网络声讯节目，然后下载到自己的便携式数码声讯播放器中随时收听，享受随时随地的自由。

此外，播客们也可以自己录制声音节目，上传网络与网友分享。播客满足了人们自我表达、张扬个性的需求。

需要注意的是，博客与播客的主要区别在于，博客所传播的信息以文字和图片信息为主，而播客传递的则是音频和视频信息，目前播客是以音频信息为主。

第二节　新媒体的传播形式

一、新媒体传播路径的基本形式

无论新媒体增加了什么样的新元素，它仍遵循媒体的基本概念。消息、媒体、受众是媒体的三要素，在新媒体中，由于发布者、传播者、受众不再被严格区分，因此在新媒体中其被统称之为"信息节点"。从媒体和受众二者进行分析，新媒体中信息的基本传播路径形式，从信息在发出时是否对信息的接收目标进行限定来区分，可分为封闭式传播和开放式传播两种；从是否根据信息节点发布的信息类型不同，而对节点传播行为进行差别化对待或权限控制来区分，可分为树状传播和网状传播两种。

在封闭式传播中，媒体平台一般不提供对内的信息搜索功能，同时外部搜索引擎也无法对其发挥作用；在开放式传播中，信息通常可被平台内置检索功能以及外部搜索引擎检索

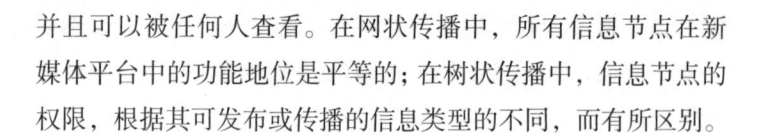

并且可以被任何人查看。在网状传播中，所有信息节点在新媒体平台中的功能地位是平等的；在树状传播中，信息节点的权限，根据其可发布或传播的信息类型的不同，而有所区别。

二、理想的简单状态下，新媒体传播路径的四种基本形式

（一）封闭式网状传播

封闭式网状传播，即每个信息传播节点的功能地位平等，且每个信息传播节点在传播信息时必须选择信息的到达目标，目标可以是一个，也可以是多个其他同平台内节点。封闭式网状传播的特点是信息传播过程的私密性。从技术角度讲，若发生了一次信息传递，除非平台运营商提供证据，否则任何当事节点以外的其他信息节点，都无法获知信息传递是否发生以及信息内容如何。因此信息源头节点不易被查证，信息传播过程也不易被跟踪，人们对该形式下接收的信息真实性持保留或怀疑态度。封闭式网状传播平台具有信息传播定向性高、可信度低、消息扩散速度没有开放式传播快的特点。

（二）开放式网状传播

开放式网状传播，即每个信息传播节点都是平等的，只要节点期望并且平台允许，其传播的信息可以被任何人接收（甚至包含非同一平台的信息节点）。开放式网状传播的特点是信息节点传播信息的过程透明留痕，具有更强的时间和空间的穿透性，因此，传播迅速且广泛、稳定且失真性低，多向互动性极强。但信息本身内容的真实性、有效性也不能得到保证，因此是网络谣言、舆论危机滋生和扩散的主要场所。

（三）封闭式树状传播

封闭式树状传播，指信息节点根据其发布信息的类型不同而权限有所划分，信息节点通常只能发布其被授予权限发布的信息类型，如只可发布文章，或只可转发特定类型的信息，或只可发布评论，也有可能只可浏览。在同一个封闭式树状传播型平台内发布信息（包含原始发布、转发、评论）时，节点必须根据自己的权限选择目标或指定人群（或者目标、范围已经被限定）。封闭式树状传播的信息传播过程不透明，信息的传播路径无法追踪，但是信息发布的源头很容易被确定，信息传播不易失真。

封闭式网状传播平台的信息传播速度快，但传播具有较强的定向性，并且通路较为单一，互动性差，不易形成爆发式传播。

（四）开放式树状传播

开放式树状传播，即凭借其发布信息类型的不同而进行权限区分性的划分，同时此类传播的信息节点也规定只能发布其所被授予权限规定发布的信息类型，同时该类型平台所有信息均可向任何浏览者开放，鼓励浏览者将信息通过其他的新媒体平台进行转发。由于开放性较高、扩散速度较快、范围较广，但互动性较差，因此其发出信息的互动一般在其他作为传播通道的新媒体中发生。

实际上由于新媒体平台的运营方希望尽可能满足用户需求，因此平台往往由若干种不同系统组合而成。这导致平台实际经常会出现信息传播"半封闭"（如微博等平台实际也有支持类似即时通信的"私信"功能系统）或节点权限"半区分"（如搜狐等门户网站包含论坛、新闻、视频等功能，可以使用同一个用户账户作为以上各种细分系统的传播节点，但所遵循的是完全不同的规则体系，业务也是独立管理的）。在此种组合或过渡的状态下，将平台的功能系统细分后，各基本功能单元依然遵循其所属形式特点。根据各功能单元的使用权重，可以大致判断出整个平台的信息传播特点。同时，信息也可能会在一种以上不同平台组合的模式下传播，但分析思路同上。

第三节　新视域下新媒体对广播电视传媒业的影响

进入信息时代，广播电视传媒行业也进入快速发展期。在新视域条件下，以网络为代表的新兴媒体对传统的广播电视传媒业造成了巨大冲击，产生了重大影响。

一、广告受到影响

新媒体广告发布的多样化和覆盖率，使传统媒体的生存基础——广告市场遭到不断侵蚀。新媒体的产生和发展不仅改变了人类的生活形态与行为方式，更孕育着巨大的投资价值，因此成为全球资本新的投资热点。目前在国内，新媒体市值超过600亿元，在新媒体广告迅猛发展的形势下，传统媒体的广告总体上呈逐年萎缩和下降的态势。

二、地位受到影响

在新媒体出现之前很长一段时期内，广播、电视、报纸在传媒界或是新闻界一直保持着三足鼎立的状态，也长期拥有着主流媒体的地位和声誉。但在今天，作为传统媒体的广播电视正在经历深刻的媒体变局，遇到了来自新媒体的空前挑战。主流媒体是指依靠主流资本，面对主流受众，运用主流的表现方式体现主流观念和主流生活方式的媒体。这个定义中的3个关键词是主流资本、主流受众、主流的表现方式。然而上述3个关键词，已经越来越被新媒体占据，甚至部分传统媒体已经开始从上述关键词中退出。这意味着，广播电视传统媒体的主流地位也开始动摇。

三、潜在受众减少

新媒体不仅使传媒业拥有了全新的传播工具，其革命性的意义更在于：载体的公共性和互动性使受众具有了多重角色，他们是信息的接收者、互动者，也是信息的生产者，甚至也可以说是舆论的引导者。新媒体的崛起使受众角色发生裂变，并引爆了受众强烈的表达意愿。当前，当今的媒体受众，更多地选择将网络作为主流媒体使用，而经过新媒体的大量分流，广播等传统媒体的潜在受众逐步减少，其面临着前所未有的受众危机。

四、传播方式受到影响

层出不穷的新兴媒体，以传播方式不断创新，时时触痛着传统媒体的传播弊端神经。以手机为例，手机已然从单纯的通信工具一跃成为第五媒体，由于其飞速发展的速度，因此被称为"放进口袋里的互联网"。它可以上网看电视、看视频、听音乐、看书、炒股、参与社区互动，可以当作各种识别卡，还可以进行卫星定位。智能手机集合了纸质媒体、电视媒体、网络媒体的大部分功能,广播功能更是不在话下。它们可以不受时空限制,随时随地有效传递信息,并且以无孔不入的姿态渗透人们的信息生活。相比之下,广播媒体的表现形式便显得单调、呆板而乏味。

第三章 新视域下的广播电视编导生存现状及要求

第一节 新视域下的广播电视媒体生态现状

一、新媒体语境下广播电视媒体内部生态的变化

戈夫曼的"拟剧理论"(或"戏剧理论")将人们的社会互动与戏剧表演进行类比,认为人们都在按照各自角色的规范进行着相对紧张的前台表演,而幕布之后的后台行为则相对放松。新媒体技术的不断更新给人们创造了一个巨大的"中区"地带,使广播电视信息呈现内容中公共领域和私人领域界限逐渐消失,更使广播电视传播方式的前台行为和后台行为的界限日益模糊,也从很大程度上消除了广播电视媒体本身原本强大的神秘性。

(一)广播电视信息生产生态的变化

所谓广播电视信息生产生态的变化,就是传播者转变为信息筛选与故事叙述者。对于传统广播电视媒体的记者、编辑而言,他们的主要工作就是及时采集新近发生的信息并编辑制作成节目,通过垄断性媒体技术方式实现大众化传播。因为信息采集技术和传播方式的垄断性,所以信息传播者们借助该屏障分隔了权威的专业新闻人"前台"形象和机械复制信息的常规化"后台"形象,让自己可以在幕后进行各种

议程的设置并让受众无法察觉。

如果说传统广播电视媒体曝光了社会生活中的很多原本隐秘的后台行为，那么新媒体技术的突破则使信息传播者自身的隐蔽空间不断缩小。技术的开放和多元让原本严密的幕布开始松动，普通观众逐渐可以越过门槛较低的新媒体技术去发现新闻信息制造者和传播者的工作流程与传播技巧。媒体形态之间的融合、节目内容和形式的延展以及节目传播效果的坚守，更使传统的广播电视媒体从业人员必须打破原有职业身份的简单框架，站在信息管理者的角度，尝试综合运用文本、视频和多媒体技术进行节目传播效应的整体提升。

面对技术融合之后信息来源和扩散渠道的突增，传统广播电视媒体从业人员不能依旧站在前台充当海量信息的传声筒，而是应该把原本固化的单一性信息采集工作状态，转变为全天候全方位密切关注信息的变化，并按照新闻价值标准对信息进行分类筛选归纳，增加后台工作行为的分量，做好信息质量的把关人。同时，为了防止人们陷入信息烟海徒劳无获，广播电视新媒体从业人员又必须尝试用富有逻辑性和故事性的新闻话语进行信息传播，让受众能够建立起对当下繁多而细碎的信息的综合理解力。只有这样，才能适应媒体技术和传播内容的融合与共享，才能在广播电视新媒体传播平台上占有一席之地。

（二）广播电视媒体技术发展生态变化

广播电视媒体技术发展的生态变化，主要体现在媒体上。近年来，随着数字技术、宽带技术和移动通信技术的深入发展与突破，一批广播电视新媒体应运而生。广播电视新媒体具有共享、交互的特征，与传统广播电视相比，更加突出了个性化的服务功能，呈现出全新的形态。在新媒体技术面前，普通受众不再被复杂的技术手段牵制，成为主动的信息接收者。"三网融合"的进展让原本"各自为政"的传统媒体模糊了彼此的界限，积极利用新媒体技术不断开拓壮大新的共赢发展空间，在技术层面真正实现了资源共享。同时，技术进步使受众在使用媒体的时候更能够按照自己的喜好进行选择，人机对话的功能不再停留在设想阶段。此时，广播电视、网络、手机不再用传统还是新兴来区分，而是发展成为互通共赢的终端平台。需要指出的是，技术的互通与形式的融合虽然开启了媒体融合的新篇章，但是，在技术资源飞速扩容、受众可选择资源急速膨胀的同时，面对受众视听时间和地点的碎片化，如何生产符合受众信息需求、符合广播电视新媒体特征的媒体产品，是当下亟待思考和解决的问题。

（三）广播电视受众信息接收生态的变化

所谓广播电视受众信息接收生态的变化，就是让受众从单纯的信息接收者转变为信息的使用者与制造者。"沙发上的土豆"曾经是媒体研究者对传统广播电视媒体受众形象的界定，因为在壁垒森严的传媒技术面前，受众无法逾越传统媒体的"前台"和"后台"，只能坐在观众席上有序地收听、收看，进行有限的使用与满足。如今，新媒体技术的入侵使得我们每一个人都可以掌握信息发布的工具，登录信息交流的平台，从而使原本被动接收信息的受众成功突破"舞台"的边界，进入"表演区"，甚至是闯入后台"休息区"。在理论上，每个人都可以运用简单的新媒体技术进行发布与传播，每个人都可以通过媒体融合的平台进行即时交流与分享。对于受众而言，广播电视新媒体中可以选择的媒体产品类型和数量都有了空前增加，受众不再被固定在沙发上、电视前，而是可以随时随地通过移动终端进行广播电视节目的视听，并对其做出及时有效的信息反馈，直接影响了节目制作的选题和方向。

"三网融合"使我们可以从需要同时集体在场的视听仪式化转向不受时间、地点限制地利用信息资源的个性化。在传统媒体时代，受众通过相同的媒体平台共时性地收听、收看媒体事件，在获取信息的同时也在很大程度上进行着情感和意义的共享。新媒体时代改变了受众进行情感和意义分享的平台结构，人们可以实现随时随地的交流，对媒体技术本身的个性化使用越发成为受众仪式化、狂欢化快乐的表现。

二、新媒体语境下广播电视媒体外部生态的变化

（一）媒体政治生态中公共空间不断扩大，媒体管理机制弹性增加

媒体生态的政治因素，主要是指一个国家的执政方针和各种政策制度，它在意识形态等方面规约着大众传媒的形态与发展方向。大众传媒报道会对政府管理机制的效力以及社会舆论的导向产生至关重要的影响。在当前社会转型时期，我国各种新生阶层和社会力量的数量激增，新媒体也日益成为大众意见交流、思想碰撞的重要平台。我国政府对这样的变化需求也进行了积极的政策调整，形成了更加开放包容的政治空间，为新媒体技术刺激下的传统广播电视媒体的形态

更新创造了良好的政策和管理氛围。

我国的新闻媒体自中华人民共和国成立以来，一直是党和政府舆论宣传的主要阵地，是党和人民的喉舌，是联系两者的重要桥梁和纽带。其地位重要，但缺乏独立性。改革开放以来，我国新闻媒体的管理体制发生了重要变化，从单纯的事业单位逐渐转变为"事业单位、企业管理"的模式。

从 2009 年底开始，上海、江苏等省级广电系统陆续成立符合时代需要的传媒集团，拉开了媒体政治生态调整的序幕。除了在管理体制上发生了显著变化之外，媒体融合的现状也促使政府相关职能部门在行业协调发展方面积极进行尝试。此外，在广电新媒体的身份管理上，也需要逐渐引入竞争机制，允许更多有实力的独立运作机构参与进来，促进市场的良性发展。目前我国的制度对广播电视新媒体等行业仍然缺乏明确的制度规范。

（二）媒体技术高速发展带动媒体经济生态效益激增

中国互联网络信息中心（CNNIC）在北京发布的第 43 次《中国互联网络发展状况统计报告》显示："截至 2019 年 2 月，中国网民规模达 8.29 亿，其中，手机网民规模达 8.17 亿，继续保持稳定增长。在 5G 网络进一步普及、智能手机和无线网络持续发展的背景下，视频、音乐等高流量手机应用拥有越来越多的用户。"由此可见，新媒体技术的飞速发展，给我们的生活带来了前所未有的巨大影响。

每逢节假日，电商网络营销大战硝烟四起，新媒体付费使用产品迅速扩展，美食、服装等商品迅速扩张为"淘宝"模式……"滴滴打车"和"快的打车"两个软件持续了将近

4个月的打车补贴活动，看似赔钱，实际上抢占了市场份额，培养了用户的移动支付习惯。"滴滴打车"曾在其微博上说，在让司机收入增加的同时，滴滴的用户数也增加到了亿量级。以上事例无一不说明，新媒体技术的迅猛发展为整个国家经济发展的促进和经济效益的提升做出了巨大贡献。

在与大众传媒直接相关的媒体经济生态方面，以前我国传统广播电视媒体主要依靠收取广告费用和收视费用作为盈利的主要模式。在传播技术和渠道垄断的阶段，这样的盈利模式可以形成巨大的产业价值，但是在新媒体时代，这样的盈利空间逐渐被新的媒体渠道抢占，由此也激发广播电视新媒体根据不同渠道和特征的定位，不断探寻新的经济增长途径。广播电视新媒体除了在广告费盈利上继续下功夫之外，还可以考虑从节目售卖、提供线下实体服务等多方面增加经济效益。

（三）媒体文化生态氛围越发开放多元

当前，我国处于社会转型时期，人们不再受原有的固定地域和社会身份束缚，取而代之的是大量流动人员的增加和社会分层的复杂化。在教育、收入、生活方式等方面各不相同的人群在城市中大量聚集、相互融合，在信息需求和表达交流等方面均具有很大的异质性。曾经以法兰克福学派为代表的欧洲精英知识分子对资本主义大众社会文化嗤之以鼻，并痛斥为文化工业。然而，以约翰·菲斯克为代表的学者们则把大众文化看作受众快感的来源，无论是消极躲避式的快感还是积极生产式的快感都是受众的主动尝试，多义性和多元化是广播电视节目流行的文化背景。从某种意义上来说，我国当前也处于大众文化流行的时代，一方面庞大的人群既陌生又熟悉，社会本身就充满了异质性和共同性；另一方面，新媒体的高度发达，使得"人人皆记者，个个手里都握着麦克风"的时代悄然而至，大众不再是被动接受媒体信息的靶子，而是站在各自的立场上进行信息的解读和媒体使用的主体，并越来越倾向于发出自我宣言，进行更加广泛而深入的意见交换。

当前社会文化氛围出现的新特点对于大众传媒来说会产生直接影响，具体表现在新闻报道的娱乐化、奇观化和媒体产品的煽情化、雷同化。多元的大众文化既是新的生态背景，同时对于媒体而言，又是一个相当难以满足和合理使用的挑战。

三、新媒体语境下广播电视媒体外部生态和内部生态的互动关系

前文对新媒体语境下的广播电视媒体内部生态和外部生态变化分别做了分析，在新媒体技术融合的背景下，整个社会政治、经济、文化背景都与以前有了明显不同，传播者和受众的角色分区发生了明显变化，原有的泾渭分明的界限逐渐模糊。广播电视新媒体的出现与发展，不是原有节目内容和形式的简单累加，而是在新的媒体技术平台上提供广播电视公共服务和个性服务节目的有机结合。同样，广播电视新媒体技术和节目内容的革新与健康发展，也会对整个媒体生态的结构平衡产生反作用力。

随着政治空间的完善合理，舆论表达的开放理性，媒体管理体制的日趋完善，经济增长的结构和速度进一步优化和提高，社会文化氛围日趋和谐共融、正向积极的文化产品流通，原有媒体生态中存在的突出问题也会在此过程中得到一定程度的改善。

（一）媒体政治生态因素与媒体内部生态因素的互动

芝加哥社会学派的学者们对传播促进社会发展的效果十分推崇。他们认为媒体的发展会加强人们之间的互动沟通，并最终促成人类社会的和谐统一。在这样的理论框架内，我们可以发现，媒体内部传播生态的变革和媒体生态中的政治因素存在相辅相成的互动。

媒体外部生态的政治因素主要是国家的各项政策制度的规训和媒体管理体制的制约，它作为媒体发展变化的外在强制性力量影响着媒体组织的性质、信息生产者的身份、媒体技术发展更新的速度和受众接收信息的维度。当前我国社会处于转型时期，在新媒体语境下，大众社会的异质性和社会阶层的复杂性使得社会政治体制的平衡受到了前所未有的冲击，公众利益表达的渠道扩张和烈度演变在新媒体的发酵下显得格外复杂多变，公众扩展公共空间日益增大的需求和个人利益表达不断扩大的公开尺度，都对整个社会结构的平衡产生了压力。在传统媒体主导的媒体形态下，国家可以通过强制性、单一化的行政主管力量来规约媒体的公共空间范围，而如今政治力量的强制效果则已经被新媒体平台的规模突破，无论是媒体还是受众，都已经在新的媒体技术环境下改变了自身的身份特征，不再是被动单一的执行者和传声筒，抑或接受者和遵从者，而是在新的媒体情境下积极寻求多种可能。

新媒体语境下，传播者需向国家和管理机制呼吁，争取到在更大范围内获取信息和进行传播的权益，并通过适应当下的叙事策略和把关技巧，为维护政治空间的稳定寻求新的平衡点。传统意义上的受众也通过在新媒体发声，寻求组织化的群体力量的表达，迫使整个社会政治空间的能量能够以更加合理的方式释放到各个阶层。新媒体情境下媒体内部生态变化的健康发展能够实现社会功能的整合和社会的有机团结，增进公众对国家的情感认同，这也恰好体现了芝加哥学派学者对传播行为促进社会进步、文明发展的乐观向往。

如今我们看到，为了维护和促进社会结构的有机整合，我国的媒体政治生态除了逐渐扩展公共空间的范围，逐步放开僵化死板的行政管理体制之外，还积极进行了管理模式的创新，给媒体更加灵活的活动尺度和更多发挥能动性的机会。制播分离机制的实行和推广，使得新媒体语境下媒体产品的数量和层次有所提高，也为受众进行媒体产品的自主化消费创造了更多可能。随着新媒体数量的增加，媒体融合的推进不能仅停留在表面，从媒体的深层管理体制上，针对媒体产品市场的细分，我国媒体管理体制也应更加清晰明确地建立国家管理型、公共管理型和商业管理型3级管理机制，分别承担政治传播、社会守望和信息服务职能。另外，只有政治管理的宏观和微观层面都逐渐理顺关系，媒体政治生态和媒体内部传播生态之间才能形成良好互动，并最终相互促进。

（二）媒体经济生态与媒体内部生态因素的互动

媒体经济效益的显著增长是新媒体技术的发展带来的媒体经济生态的明显变化，媒体从单一的事业单位逐渐变成了生产"商品"的"集团"。在新媒体数字化推进的背景下，广播电视节目的制作传输成本大大降低，这使得广播电视媒体的规模经济效应优势进一步凸显。在以媒体产品为中介的供需关系中，媒体生产者和广告商、投资商将受众变成多次售卖的"商品",媒体之间的竞争也越发激烈。

经济生态的蓬勃发展能够促进广播电视媒体内部生态传播者和媒体技术发展的与时俱进。对于传播者而言,以前依靠广播电视媒体本身的魅力和强势传播产生的巨大效果,如今受到了新媒体势力的冲击,也带来了前所未有的动力。对于媒体技术而言,充分考虑到人性化的媒体使用策略,把受众吸引固定到媒体产品的消费之中也是当前的重要课题。

对于受众而言,以前在固定的时间和空间里,人们相对稳定地接收着传统广播电视提供的节目,虽然节目数量相对匮乏,但是无论是《新闻联播》的半小时新闻信息还是《春节联欢晚会》的4小时节日气氛,受众都领略了共同在场的意义与情感分享。如今,新媒体时代媒体经济生态的繁荣让人们能够更多地享受到信息生产颠覆性的快感。同时,新媒体时代,受众遇到的难题不再是信息数量的匮乏,而是面对自己和他人制造的海量信息无所适从。原有的视听习惯被打破,而新的视听规则尚未完全建立,在这种情况之下,专业媒体从业人员需要在自身训练有素的专业框架内,对信息进行全方位的深入挖掘和精心筛选,用客观报道的方式和技巧性的叙事手法,对我们生活中具有重要性、显著性以及接近性的新闻事件进行深度解读,既能够及时提供信息的进展,同时又能够对相关信息以及由此产生的影响进行归纳整理,为受众提供权威专业的信息资源,成为个人信息发布的来源依据,把传统广播电视媒体的主流和强势地位不断延续下去。

此外,对于媒体和从业人员而言,受众的细分和真正意义上的专业化频道的确立,才是促进广播电视媒体经济生态可持续化发展的关键。无论是从受众年龄还是职业,抑或从节目本身的类型进行细分，都需要专业新闻人员从受众的实际需要出发，形成自己独有的核心竞争力。媒体经济生态的热闹景象表面上看起来是为受众创造了更加美好的媒体市场，然而，这种繁荣和经济效益的短期爆发也造成了广播电视节目形式大量抄袭雷同、节目内容过分追求刺激煽情的现状。如果受众的媒体环境充斥的都是这样的媒体产品，那么媒体和受众之间将无法形成真正的交流空间，也就无法让人们聚焦在公共话题之下。长此以往，受众的关注度便会降低，广告商的利益无法得到保障，媒体经济生态的可持续发展也就成了无本之木。

作为媒体生态内部的信息生产者和媒体技术本身，为了能够适应新媒体时代受众角色的变化以及促进媒体经济生态的良性发展，除了上述受众细分和专业化的频道发展策略之外，还应考虑进行规模化产业发展及多种经营。媒体经济生态的发展不能单纯依靠广告收入的增长，还应考虑多种媒体产品的线下售卖和品牌增值，通过技术共享来实现信息议程的凝聚力，通过王牌栏目和记者、主持人的影响力来强化品牌价值，通过与普通记者的信息互动来增强新媒体平台的参与度、知名度。只有多方联动，才能确保新媒体语境下广播电视经济生态的长远发展。

（三）媒体文化生态与媒体内部生态因素的互动

新媒体技术的飞速发展使受众进入了"地球村"时代，在"地球村"这个既互相通达又彼此分隔的共同体里，一方面受众可以随时随地了解"地球村"中同一时刻发生的各种事件，分享媒体人物的点滴情感，另一方面受众又时刻被各种纷繁复杂的信息左右，甚至会丧失思考的愿望和动力。受众彼此之间既熟悉又陌生，每天淹没在信息制造和消费的快感之中。长期以来，我国的媒体文化生态是高度意识形态化的，人们被固化为群体中的一员，简单而统一。在我国的社会转型期，媒体文化生态的显著特征就是大众文化成为主流文化形态，人们从禁锢中解放出来，消费文化、娱乐文化的特征在当前媒体文化生态中占重要地位。

媒体文化生态的变化和媒体技术的更迭相辅相成。在新媒体组建的"地球村"之中，对于信息传播者和媒体而言，他们一方面积极应对社会群体的身份和心态的变化，在媒体产品的内容和形式上苦心钻研，另一方面又在不知不觉中形塑了大众文化的形态，用娱乐化、戏剧化的样式来进行媒体产品的制作和传播，并不断强化刺激传播效果的煽情手段，引导受众"娱乐至死"。詹姆斯·凯瑞指出："传播的仪式观并非直指讯息在空中的扩散，而是指在时间上对一个社会的维系，不是指分享信息的行为，而是共享信息的表征；传播的起源及最高境界，并不是指智力信息的传输，而是建构并维系一个有秩序、有意义、能够用来支配和容纳人类行为的文化世界。"这种传递观在传统媒体时代表现得非常鲜明，受众作为靶子应声而倒效果显著。然而在新媒体时代，信息传播者和媒体技术的发展必须要面对受众角色的转变，面对文化生态的现状，用情感和意义的共享给受众制造共同的话题与体验，让粉丝型受众充分进行交流与表达，在当前这个"他人引导型"的社会文化生态中进行仪式化传播，增进共同体中群体成员之间的融合，促使媒体文化生态与政治生态、经济生态协调发展。

然而我们也不能忽视，一味地迎合受众口味，过度使用新闻报道技巧，必定会造成媒体文化生态的混乱萎靡。如果人们将有限的时间都集中于煽情故事和媒体奇观，将社会生活中的事故和苦难当作一种消费，那么久而久之，受众会逐渐丧失对自身身份和地位的思考，成为乌合之众，媒体文化生态也会表现出极端化、扭曲化而无法适应整个文明生态的发展。

可见，在媒体环境学派的学者看来，媒体技术的进步不仅仅是人类交流方式的革新，更是人类文明发展变化的本身。新媒体技术的进步使得媒体外部政治、经济和文化生态以及媒体内部信息生产、媒体技术发展与受众信息使用生态都发生了巨大变化。新媒体技术的发展使媒体信息生产管理机制、媒体信息生产内容和传播方式都不断推陈出新，从微观角度来说是满足适应受众角色的变化，促使传播过程的顺利完成，从宏观角度来说，是为了促使整个媒体生态的健康发展。新媒体语境下，媒体外部生态和内部生态都在不断地进行调整与变革。正如前文分析，我们为了确保媒体生态的和谐，必须在媒体生态各个环节的变化过程中随时保持警惕，避免出现危害媒体生态结构平衡的破坏性因素；在微观层面上保持传播信息者角色的更加深入与权威，研究信息使用者的兴趣分化与精细程度，探索资源渠道共享的新媒体平台的长效发展与繁荣。这既是媒体的变革，又是我们社会生活方式的变革。

第二节　新视域下广播电视编导的现实性发展

一、广播电视编导现实环境下的发展分析

（一）经济环境下的发展分析

良好的经济环境能够加速各类媒体发展，促使社会科学技术水平提升，利用先进的科学技术和资金支持又可以推动广播电视编导的迅速发展。

同时，在经济体制改革的背景下，良好的经济环境也为广播电视编导提供了更多发展路径，促使广播电视编导人才将所学理论知识转化成社会价值，在广播电视编导发展中充分发挥正面效应。例如，官方平台的开放，吸引了大量高素质专业人才和广告资金，为广播电视编导行业发展提供了充足的人才资源和资金支持。

（二）政治环境下的发展分析

政治环境对广播电视编导的发展具有直接影响。相关研究表明，政治环境是这一专业发展早期最具影响力的因素，广播电视编导人才在培养过程中，其所学理论知识必须与政治理念相符。例如，坚持马克思主义的广播电视编导观等。由于广播电视编导专业必须为社会主义核心价值观念服务，因此，这一专业也需要在良好政治环境的影响和指导下，展现强烈的中国特色，充分发挥自身的公共作用。同时，加强对广播电视编导人才原则性的培养，帮助其树立正确的价值观，并通过自身学科的合理整合优化，使广播电视编导专业能更好地适应当前的政治环境。

政治环境与经济环境在某种程度上是相互结合的。因此，在广播电视编导发展过程中，相关人员应明确其所处政治环境和经济环境的关系，并详细了解其对广播电视编导发展的积极与消极作用，以及采取相应对策应对高速发展的现实情况，为广播电视编导提供相对稳定的发展环境。

（三）教育环境下的发展分析

广播电视编导专业具有较强的实践性，因此，教育环境中软硬件的建设情况对广播电视编导专业的发展具有重要影响。为培养更多优秀的专业人才，各大院校应为广播电视编导专业营造良好的软硬件环境。例如，在硬件建设中，学校可以为学生建设开放的影视编辑实验室、音频工作室、影视观赏室等，随时满足学生的学习需求。在软件建设中，学校应坚持"以人为本"的原则，建立学生与教师之间的沟通平台，促使两者形成良性发展关系，学生能够随时随地向教师请教求助，教师能够及时对学生提出的问题进行解答和指导，帮助学生实现广播电视作品随时随地创作。

在教学过程中，学校可以加强校企合作，为学生提供更多的实践机会，提升学生的学习兴趣和学习效率。例如，安排学生前往合作电视台参观，直观体会广播电视编导工作各环节内容，使其通过实际感受，从而明确自身未来发展方向，制订科学的学习计划；或是组织学生到合作传媒公司实训，帮助学生积累实践经验。学校还可以与合作企业共同开展校内影视大赛，鼓励学生充分发挥自身创造力，在比赛中找出自己学习中的不足，找到合适的发展方向。同时，在教育教学中，学校也应通过加强思想道德教育，为广播电视编导营造更好的教育环境。

(四)社会环境下的发展分析

社会环境也是广播电视编导发展的重要影响因素之一。在社会环境的快速发展中，人们的思想观念和行为都发生了巨大变化，在这种情况下，广播电视编导要遵循大众实际需求，发现社会发展规律，追随时代脚步，以满足受众需求为目标不断发展。这就要求广播电视编导能够充分了解目前社会环境发展特征，深入研究社会环境变化趋势，从不同方面实现对节目主题的分析，始终保证广播电视编导朝着先进方向发展。

二、广播电视编导在现实环境中的发展对策

(一)加强广播电视编导文化素质的培养

现实环境下，广播电视编导专业学生及从业人员应不断提升自身文化素质。现阶段社会环境中，受众需求呈多样化趋势，加强广播电视编导文化素质培养，能够拓宽学生及从业人员的眼界，使其获得更多文化知识，丰富其知识储备，以便内化于工作实际，提升影视节目的欣赏价值和艺术价值。尤其是对在校学生，更应充分运用学校的图书馆资源、教学资源，营造良好的学习氛围，实现在校学生文化素养、创新思维、人文关怀等方面的有效培养，为广播电视编导队伍注入新鲜血液。

(二)加强广播电视编导政治素质的培养

政治环境对广播电视编导发展具有重要影响，因此，加强广播电视编导的政治素质培养十分必要。我国是具有鲜明特色和特殊国情的国家，影视产业作为我国重要的文化产业，为社会主义核心价值观服务，对社会影响重大，而广播电视

编导作为影视节目制作人员中的重要组成部分，其政治素养直接影响着广播电视编导行业的整体发展。在广播电视编导人才培养中，学校和企业应要求学生和从业人员熟悉与了解国家相关政策法令，树立正确的人生观、价值观，坚定地以国家方针路线为行为思想指导，并加强对学生和从业人员的思想政治教育，提升其社会责任感，杜绝错误政治思想，保证广播电视编导行业朝着正确的方向快速发展。

（三）加强广播电视编导创造能力的培养

为保证广播电视编导在目前经济环境中能够得到快速发展，应加强广播电视编导创造能力的培养，使其创作的影视作品得到受众广泛欢迎，在影视市场占据一席之地，从而提升影视节目、媒体行业以及广播电视编导行业的影响力，获得更多资金支持和技术支持。例如，面向广播电视编导专业的学生和从业人员，举办优秀原创影视作品征集大赛，并对优秀作品创作者给予一定的物质奖励和培训机会，激励广播电视编导专业学生和从业人员更加热爱影视作品创作，积极学习、锻炼、积累经验，获得创造能力的提升。

（四）加强广播电视编导实践技能的培养

为了给广播电视编导营造良好的教育发展环境，应加强对学生实践技能课程教学的重视。例如，学校与广播电视媒体等相关单位合作，为学生提供实习机会，使学生通过亲身体验切实感受行业特色，了解工作内容，提升学生学习兴趣和知识运用能力。同时，学校也可以邀请具有丰富经验的广播电视编导从业人员，来学校为学生讲解相关知识，使学生能够在理论教学中接触到实际案例，学会将理论知识运用到实践中，培养出更多应用型人才，以推动广播电视编导事业快速发展。

可见，广播电视编导专业正处于发展前期，受现实环境影响较大。因此，在其发展过程中，应从政治、经济、教育、社会等多方面环境因素考虑，不断调整其发展方向，制定有效的发展对策，培养高素质、应用型人才，以适应现实环境，实现健康稳定发展。

第三节　新视域下广播电视编导的新要求

一、新视域下广播电视编导素质现状分析

（一）发展迅速，不断进步

从宏观角度来看，我国广播电视编导队伍的整体素质、专业素养水平在近几年取得了历史性进步。

首先是专业素养。通过专业院校的培养与媒体时代多媒体传播特色的影响，一批对影视、广告、视频有着浓厚兴趣的专业型人才，投身到了我国广播电视节目制作的队伍中。专业院校的培养，让编导更加系统、完善地接触到电视行业，深入了解了广播电视节目创作流程，通过完整的采编一体化的学习，广播电视节目人才队伍中具备相当专业素养的专业人才越来越多。其次，随着多媒体的不断发展，手机的性能不断地研发，利用单反相机和手机进行视频制作的影视爱好人群不断增多，他们拥有创作热情，以及对网络新兴文化的敏锐触觉，增大了电视编导行业的人才队伍基数。

（二）创新不够，发展不平衡

随着地区发展差异的日渐显现，我国的广播电视编导发展，也体现出地区发展的不平衡。从近年的广播电视节目发展情况来看，"北上广"这三个我国经济文化最活跃的地区，广播电视节目种类丰富、制作精良、投资大，很大原因是聚集了一大批有着极高的专业素养、专业技能以及丰富的电视编导经验的电视编导人才；但与之相对应的，是一些经济文化发展较为落后的地区，广播电视节目编导的专业人才大量流失、极度缺乏，无法组建起优良的节目制作团队，也没有充足的资金、技术支持，导致无法获得理想的经济效益，广播电视节目粗制滥造，收视率低下。这种情况下，开支不断缩减、投入不断减少，如此恶性循环，最后导致节目质量越来越差，广播电视节目的地区发展呈现出越来越大的差距。

二、新视域下广播电视编导综合素质的新要求

（一）专业素养

广播电视编导对综合素养要求高。在实际的广播电视节目制作中，广播电视节目编导承担了整个广播电视节目的策划与制作。新兴的传媒行业，是艺术与技术的完美结合。在新的广播电视节目制作中，广播电视编导要充分实现节目受众市场的调研，针对节目类型、风格定位、受众定位来进行节目的策划；同时从素材的采集、编辑到完成送审，一系列的制作活动，都离不开节目编导的直接参与。所以说，新形势下广播电视编导不再是传统意义上的节目策划，而是一个节目从构思策划到制作播出的整个流程的负责人，一个节目的

好坏与编导有直接关系。

（二）思想素质

传媒行业的传播性质、受众范围决定了这个行业的思想碰撞程度远远高于其他行业。一个广播电视节目的制作团队、编导队伍，要确保团队及成员思想价值观的正确性，因为节目作品将会深深地包含主创人员的人生观、价值观、爱情观等，这是无法避免的。编导队伍要牢牢把握住社会主义主流文化的前进方向，不断矫正节目创作中的失误与漏洞，不能为了博人眼球、增加节目噱头而恶意炒作，对一些"拜金""炫富"等不符合社会主义先进文化的思想内容，要在节目中进行严格把控。广播电视编导只有不断提升自身的文化思想素养，树立正确的人生价值观，才能将节目中的真善美发扬出来，受到人们的追捧与喜爱。

（三）创新能力

创新，是一个广播电视节目的内在生命力。从前几年的相亲类节目火爆，到现在的大型明星真人秀、亲子节目的扎堆盛行，可以粗略地看出我国的广播电视节目的类型、形式以及节目风格都有了极大的改变与创新。节目的创新，一方面是由于外来文化的影响，如韩国电视综艺节目的大力输入，另一方面是由于我国电视受众不断提升的审美以及对新型广播电视节目的猎奇心理。全民娱乐的广播电视节目创作理念，将娱乐性放在了第一位，不断创新的节目形式、内容，极大激励了我国广播电视节目的发展，一个节目带动一个频道的飞跃在我国屡见不鲜。紧密关注现实，科学分析受众心理，遵循传播学的传播理论，不断研究如何通过节目的创新吸引更多的观众，成为对当前广播电视编导最严峻的考验。

（四）艺术审美

电视节目与电影艺术都属于视觉的信息传达，都是通过画面、音乐、对白等要素传递观众所需要的信息。电视受众越来越挑剔的审美眼光，越来越严苛的审美需求，给我国当下的电视节目创作带来了前所未有的挑战。以湖南卫视的《花儿与少年》第二季为例，面对俊男靓女的一行人，镜头的构图角度无不精巧细致，展现人物最美的一面，同时在光线、色调的把握以暖色调为主，采用充满异域风情的光线色调，尤其是段落之间的空镜头专场，画面考究，如明信片一般地精美。编导、摄像、编辑超高的艺术审美提升了这个节目整体的艺术层次。

综上所述，新视域下的广播电视编导综合素质受到越来越多的挑战，这既是新的文化环境下各个省级卫视不同电视节目的竞争要求，又是外来文化输入引进中，我国电视节目编导不可避免要迎接的挑战。在新形势下提升电视节目编导的综合素质，是不断优化我国电视节目的必然要求，需要我国的广播电视编导不断地挑战自我、迎难而上。

第四节　新视域下广播电视编导的职业素养要求

一、新媒体视域下广播电视编导应具备的职业素质

（一）思想道德素质

积极的职业态度、正确的职业价值观、强烈的社会责任感是广播电视编导人员应具备的基本素质。其表现主要有这几方面：热爱广播电视岗位；具有奉献精神和团结合作精神；面对困难与挫折不退缩。这些都是一名优秀的广播电视编导人员所应具备的基本素养。

（二）科技文化素质

新媒体环境下，网络媒体与传统电视媒体在电子信息产品的推动下不断融合在一起。在这样的背景下，广播电视编导人员要按照新媒体的要求，提高自身网络技术，并充分利用网络技术优势，实现编导工作的信息化、数字化。

（三）审美素质

独特的审美情趣以及创造美的能力是一个优秀的广播电视编导应具备的基本素质。通过事物表面现象探索其本质，为观众提供美的艺术享受。

（四）专业素质

广播电视编导人员应掌握广播影视语言、制作技术，具备节目策划创新能力，并且应该储备丰富的文史知识及影视知识。

（五）社会交往和适应素质

一个优秀的团队是广播电视作品质量的重要保证，因此，团队合作与协调至关重要。在信息化时代的今天，广阔的社交圈是优秀社交能力的重要基础，为广播电视编导获取各种资源提供多种途径，使他们从生活的方方面面获取资源，发掘灵感。

（六）学习创新素质

较高的策划创新能力是一名优秀的广播电视编导应具备的基本能力之一。照搬照抄收视率高的电视节目的行为并非一个广播电视编导人员该有的行为，这对他们自身发展极为不利。

二、提高广播电视编导职业教育的途径

（一）加大学校对社会形势的掌握力度

学校需要与用人单位沟通良好，供需统一，掌握用人单位选才标准，与之对人才的需求保持一致。

（二）创新培养模式

高校作为人才培养基地，需要与媒体、学术界在培养人才方面达成合作，为培养人才不遗余力；与社会、媒体建立良好的合作关系，为学生提供更多的就业机会，为单位输送高素质人才。

（三）构建健全的教育管理体制

通过了解现阶段广播电视编导专业的实际情况能够发现，合理的教育管理体制对广播电视编导有极大影响。

（四）提倡创新思维培养

第一，引导在职编导提高思维转换能力，及时摒弃传统思想观念中的糟粕，不断创新思维；第二，提高在职编导的专业素养，利用培训、外出学习等形式改变现有编导人员的现状；第三，在职编导充分利用业余时间，参加再教育培训，不断提升自身的职业敏感度。

总之，随着新媒体的不断发展，广播电视编导的专业要求越来越高。广播电视编导需要引进复合型人才，以便更好地推动该行业发展。因此，这就需要从高校开始重视对人才的培养，满足时代发展的需求。

第四章　创新及创新思维的相关理论

第一节　创新与创新思维的理论依据

一、创新的理论依据

"创新"这个词起源于拉丁语，其英文为innovation。它的原意有三层含义：第一，更新；第二，创造新的东西；第三，改变。创新作为一种理论，它的形成是在20世纪。

"相对论之父"爱因斯坦说："没有个人独创性和个人志愿的统一规格的人所组成的社会将是一个没有发展可能的不幸的社会。"管理大师德鲁克说："对企业来讲，要么创新要么死亡。"美国沃特·斯塔普斯归纳的"创新者的十大核心信念"指出：杰出的创新者不是天生的，是靠努力成就的；你命运的主宰性力量就是你所从事的思考；你被赋予力量去创造自己的未来；每次逆境都会令你收益良多；你的每个信念都是一种选择；除非你接受失败，并把它看成是不可改变的现实而停止努力，否则你永远也不可能被击倒；你至少在生活中某一领域里拥有出类拔萃的能力；你取得成就的真正限制是你自己加上去的；没有高度的责任感就不可能有巨大的成功；要实现任何有价值的目标都需要别人支持。

人类社会的历史就是一部创新的历史，人类社会发展的历史，就是一部靠创新推动的历史，就是一部创造性思维实践、创造力发挥的历史。

二、创新思维的理论依据

创新思维（creative thinking），也称创造性思维、创新性思维。创新思维是指以新颖独创的方法解决问题的思维过程，通过这种思维能突破常规思维的界限，以超常规甚至反常规的方法、视角去思考问题，提出与以往不同的解决方案，从而产生新颖的、独到的、有社会意义的思维成果。它是若干种与创新活动关系密切的思维活动的总称，是非常规的、与众不同的、常人容易忽视的思维活动，常常有创新性想象的参与，是头脑中的各种信息重新组合、建立新联系的过程。它受智力因素与非智力因素共同制约，是人类思维的一种高级形式。

简单地说，创新思维就是用不同于常规的思维，想别人还没有想到的，做别人即使想到却还没有做的事，或做出与众不同的行为，创造不同的结果，带来意外的惊喜。或是善于用不同寻常的、别人容易忽视的多种视角去观察寻常的事情，使事情显现出不寻常的性质。

创新思维的本质在于将创新意识的感性愿望提升到理性探索上，实现创新活动由感性认识到理性思考的飞跃。创新思维是创造力的源头，要培养具有创新精神的学生，必须先培养其创新思维。

（一）思维的基础

思维的基础为人的大脑；人的大脑分为左右两个半脑。通过功能分区，左脑主要负责理性思维，又叫抽象脑、逻辑脑，主管逻辑、语言、数学、文学、推理、分析；右脑主要管理感性内容,又叫艺术脑或创造脑,主管图画、音乐、韵律、情感、想象、创造。

(二)思维的形式

思维的形式包括形象思维、直觉思维和逻辑思维。思维是人类高级智慧产生的根源。思维由思维材料、思维的加工方法和思维的结果构成。

1.形象思维

形象思维是人类通过感知形象,如视觉、听觉、触觉对外界的认知,对外界的色彩、线条、形状、声音、结构、质感等表象进行分析、综合、分解、提取、整合其内涵属性关系,进行联想、想象和结构性的重构,创造出完整的全新艺术形象,进而利用这种形象揭示事物的本质属性和事物的内涵结构关系。形象思维具有具体性、细节性、直观性、可感性等特点。形象思维是依据生活中的各种现象加以选择、分析、综合,然后进行艺术塑造的思维方式。它也可以被归纳为非逻辑思维。不同类型的形象,其具体物质特征可能不尽相同,但它们作为同一种思维方式,又有下面一些共同特点。

(1)形象性

这是形象的明显的特点。人们通过社会生活与实践将丰富多彩的事物形象储存于记忆中形成表象,成为想象的素材。想象所运用的表象以及产生的形象都是具体的、直观的。

(2)创新性

形象具有很大的创新性,因为它可以加工表象,多样性的加工本身就是创新。由于形象带有浓烈的主观随意性和感情色彩,所以就表现出丰富多彩的创新性。

（3）概括性与幻想性

运用形象的思维活动并不是一种感性认识形式，而是具有形象概括性的理性认识形式，是由感性的具体形象经过一系列的提炼和形象的演绎来加以升华的。与概括性互补的是形象中包含的猜想与幻想成分。它们是一种高于感知和表象的新意识活动。它更能在不确定情况下发挥人们创新性探索的积极性，有助于突破直接的现实感性材料的局限。

2. 直觉思维

直觉思维就是在直觉基础上，认识、判断事物和创造思维结果的一种思维方式。直觉思维是在坚实的理论基础、丰富的经验、敏锐的观察力与高度的概括力的基础上，及形象、逻辑思维的积累下，凭人类的直觉用猜测、跳跃、压缩思维过程进行的快速思维方式。它属于潜意识性思维。因此，直觉思维也称为灵感思维或顿悟思维。它是艺术设计灵感产生的主要思维方式。它具有突发性、非逻辑性、潜意识和快速等特点。有人称之为"第六感觉"。直觉思维不仅仅是感性思维，也具有理性思维的成分。由于直觉思维只有在逻辑思维的指控和验证下才能得以实现，因此它都有"潜意识逻辑认知、验证阶段"。其基本特征是：撇开细枝末节，对事物从整体进行把握，是一种从大处着眼、总揽全局的思维。直觉思维的心理加工方式，是直观透视、空间整合与模式匹配，它要求在瞬间对空间结构关系做出判断，所以是一种快速的、跳跃的空间立体思维。

3. 逻辑思维

逻辑思维是建立在已知条件基础上的，利用已经被证明的抽象概念、规律进行推理、判断的思维。逻辑思维的指向是单一的、递进的。因此，逻辑思维也称为线性思维。

（三）按思维过程的目标指向分类

1. 聚合性思维

聚合性思维即集中思维、求同思维或正向思维，是从思维活动的指向上进行的内聚式的求同的思维。聚合性思维强调指向唯一正确的目标，即要求思维内容、思维成果应集中、统一到传统观念或原有概念上来，为了解决某一问题而调动已有的知识、经验和条件去寻找唯一的答案。其特点是：封闭性、连续性和比较性。进行聚合性思维包含以下几种方法：目标确定法——确定搜寻目标，关注目标，进行认真观察，做出判断，找出其中的关键，围绕目标定向思维，目标的确定越具体越有效；间接注意法——用一种拐弯的间接手段，去寻找关键技术或目标，达到另一个真正目的；层层剥笋法——由现象到本质，层层分析，向问题的核心一步步逼近，抛弃非本质的、繁杂的特征，以便揭示深层本质；聚焦法——沉思、再思、三思，在思考问题时，有意识、有目的地将思维过程停顿下来，并将前后思维领域浓缩和聚拢起来，有利于帮助我们更有效地审视和判断某一事件、某一问题、某一片段信息。聚合性思维的优点是：其一可以通过反复训练，培养学生定向、定点思维的习惯，形成思维的纵向深度和强大的穿透力；其二经常对某一片段信息、某一事件、某一问题进行有意识的聚焦思维，自然会积淀起对这些信息、事件、问题的强大透视力、溶解力，以便最后顺利解决问题。归根结底首先要研究问题是如何存在的，以加宽注意的广度及想出较多的解决方法；其次试着区分问题的叙述，以决定是否把精神集中于一个更特定的层面。

要点：在思维的特定指向上积累一定量的努力，最终达到质的飞跃。

2. 发散性思维

（1）定义

发散性思维也叫求异思维、辐射思维或多向思维等。发散性思维就是，面对问题时应沿着多个维度思考，产生多种设想或答案的思维模式，从思维活动的指向上进行多角度的、反方向的、立体的思维过程。其要求从传统的思想、观念理论寻找相反的方向进行思维，其实质在于冲破传统的束缚，利用与众不同的解决方法，得出不同寻常的解决方案。这种思维方法的特征是流畅性、变化性和独特性。

发散性思维的概念，最早由伍德沃斯于1918年提出，以后斯皮尔曼、卡推尔将其作为一种"流畅性"因素使用过。美国心理学家吉尔福特在"智力结构的三维模式"中，明确地提出了发散性思维，也就是多向思维。他认为，发散性思维是从给定的信息中产生信息，其着重点是从同一的来源中产生各种各样的为数众多的输出。它的特点有如下几种。一是"多端"，对一个问题可以多开端，产生许多联想，获得各式各样的结论；二是"灵活"，对一个问题能根据客观情况变化而变化；三是"精细"，能全面细致地考虑问题；四是"新颖"，答案可以有个体差异，各不相同，新颖不俗。20世纪50年代后，通过对发散性思维的研究，进一步提出了发散性思维的流畅度（指发散的量）、变化度（指发散的灵活性）和独创度（指发散的新奇成分）3个维度，而这些特性是创新性思维的重要内容。人的多向性思维能力是可以通过锻炼提高的，其要点是，遇事要大胆地敞开思路，不要仅仅考虑实际不实际、可行不可行。这正如一个著名科学家所说:"你考虑的可能性越多,也就越容易找到真正的诀窍。"要努力坚持思维的独特性,这是提高多向思维质量的前提,只有在思维时尽可能多地为自己提出一些"假如……""假设……""假定……"等,才能从新的角度想自己或他人从未想到过的东西。

(2)发散性思维的运用方式

"他山之石,可以攻玉"。当我们在一定的条件下解决不了问题或虽能解决但只是用习以为常的方案时,可以用侧向思维来产生创新性的突破。具体运用方式有以下3种。

①侧向移入。这是指跳出本专业、本行业的范围,摆脱习惯性思维,侧视其他方向,将注意力引向更广阔的领域或者将其他领域已成熟的、较好的技术方法、原理等直接移植过来加以利用;或者从其他领域事物的特征、属性、机理中得到启发,从而对原来思考的问题进行创新性设想。大量的事例说明,从其他领域借鉴或受启发是创新发明的一条捷径。

②侧向转换。这是指不按最初设想或常规直接解决问题,而是将问题转换成为它的侧面的其他问题,或将解决问题的手段转为侧面的其他手段,等等。这种思维方式在创新发明中常常被使用。

③侧向移出。与侧向移入相反,侧向移出是指将现有的设想、已取得的发明、已有的感兴趣的技术和产品,从现有的使用领域、使用对象中摆脱出来,将其外推到其他意想不到的领域或对象上。这也是一种立足于跳出本领域,克服线性思维的思考方式。

总之,不论是利用侧向移入、侧向转换还是侧向移出,关键的窍门是要善于观察,特别是留心那些表面上似乎与思

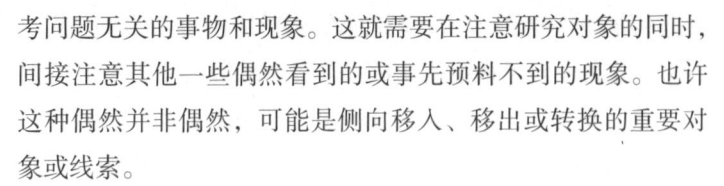

考问题无关的事物和现象。这就需要在注意研究对象的同时，间接注意其他一些偶然看到的或事先预料不到的现象。也许这种偶然并非偶然，可能是侧向移入、移出或转换的重要对象或线索。

3. 逆向性思维

（1）含义

逆向性思维就是指人们为达到一定目标，从相反的角度来思考问题，从中引导启发思维的方法。

（2）特点

①普遍性。逆向性思维在各种领域、各种活动中都有适用性。由于对立统一规律是普遍适用的，而对立统一的形式又是多种多样的，有一种对立统一的形式，相应就有一种逆向性思维的角度，所以，逆向性思维也有无限多种形式。如性质上对立两极的转换：软与硬、高与低等；结构、位置上的互换、颠倒：上与下、左与右等；过程上的逆转：气态变液态或液态变气态、电转为磁或磁转为电等。不论哪种方式，只要从一个方面想到与之对立的另一方面，都是逆向性思维。逆向是与正向比较而言的，正向是指常规的、常识的、公认的或习惯的想法与做法。逆向性思维则恰恰相反，是对传统、惯例、常识的反叛，是对常规的挑战。它能够克服思维定式，破除由经验和习惯造成的僵化的认识模式。

②新颖性。循规蹈矩的思维和按传统方式解决问题虽然简单，但容易使思路僵化、刻板，摆脱不掉习惯束缚，得到的往往是一些司空见惯的答案。其实，任何事物都具有多方面属性。由于受过去经验的影响，人们容易看到熟悉的一面，而对另一面却视而不见。逆向性思维能克服这一障碍，往往

出人意料,给人以耳目一新的感觉。

(3)形式

第一,原理逆向;第二,结构逆向;第三,功能逆向;第四,属性逆向;第五,方向逆向;第六,观念逆向。

(4)作用

突破正向思维的惯性,出奇制胜;从另一方面走向真理,发现规律。哲学研究表明,任何事物都有对立的两个方面,这两个方面又相互依存于一个统一体中。人们在接触事物的过程中,实际上是同时与其正反两个方面打交道,只不过日常生活中人们往往养成一种习惯性思维方式,即只看其中的一方面,而忽视另一方面。如果逆转一下常规的思路,从反面想问题,便能得出一些创新性的设想。

还原分析法:是指先暂时放下当前的问题,回到问题的起点,分析问题的本质,从而另辟蹊径的创新思维方法。缺点(祸害)逆用法:事物有两重性,缺点和问题的一面可以向有利的方面转化,正如中国的一句古话:"塞翁失马,焉知非福"。

4.联想思维

(1)定义

联想思维是由此达彼,并同时发现它们共同的或类似规律的思维方式。也是指由某一事物联想到另一种事物而产生认识的心理过程,即由所感知或所思的事物、概念或现象的刺激而想到其他与之有关的事物、概念或现象的思维过程。

(2)联想思维的特征

①目的性和方向性:指联想思维是从一定的思考对象出发,有目的、有方向地想到其他事物,以扩大或加强对思考对象某方面本质和规律的认识或解决某一问题。联想思维是

反映事物某方面本质的理性认识活动,是后天培养训练发展起来的,而记忆联想是反映事物现象的感性认识活动,是人的天赋能力。

②形象性和概括性:不是某个具体的形象,而是带有事物一般特征的形象,即有概括性。联想思维是每一个正常人都具有的思维本能。由于有些事物、概念或现象往往在时空中伴随出现,或在某些方面表现出某种对应关系,因此这些联想反复出现时,就会被人脑以一种特定的记忆模式接受,并以特定的记忆表象结构储存在大脑中,一旦以后再遇到它们其中一个时,人的头脑会自动地搜寻过去已确定的联系,从而马上联想到不在现场的或眼前没有发生的另外一些事物、概念或现象。联想的主要素材和触媒是表象或形象。表象是对事物感知后留下的印象,即感知后的事物不在面前而是头脑中再现出来的形象。表象有个别表象、概括表象与想象表象之分。联想主要涉及前两种,想象才涉及最后一种。

(3)联想思维的类型

按亚里士多德的3个联想定律——"接近律""相似律"与"矛盾律",可以把联想分为相近、相似和相反3种类型,其他类型的联想都是这3类的组合或具体展开。

①接近联想、相近联想。是指在时间上和空间上相互接近的事物之间形成的联想。也指由一个事物或现象的刺激,想到与它时间相伴空间相近的事物或现象的联想。

②相似联想。是指在性质上或形式上相似的事物之间所形成的联想。也指由一个事物或现象的刺激想到与它在外形、颜色、声音、结构、功能和原理等方面有相似之处的其他事物及现象的联想。世界上纷繁复杂的事物之间是存在联系的,

这些联系不仅仅是与时间和空间有关的联系，还有很大一部分是属性的联系。相似联想的创新性价值很大。随着社会实践的深入，人们对事物之间的相似性认识越来越多，极大地扩展了科学技术的探索领域，解决了大量过去无法解决的复杂问题。要想利用相似联想，首先要在头脑中储存大量事物的"相似块"，其次在相似事物之间进行启发、模仿和借鉴。由于相似关系可以把两个表面上看起来相差很远的事物联系在一起，普通人一般不容易想到，所以相似联想容易引发创新性较高的设想。

③对比联想、相反联想。是指具有相反特征的事物或相互对立的事物之间所形成的联想。也指由一个事物、现象的刺激而想到与它在时间、空间或各种属性上相反的事物和现象的联想。相反联想与相近、相似联想不同，相近联想只想到时空相近而不易想到时空相反，相似联想往往只想到事物相同的一面，而不易想到相对立的一面，所以相反联想弥补了前两者的缺陷，使人的联想更加丰富。同时，又由于人们往往习惯于看到正面而忽视反面，因而相反的联想又使人的联想更加多彩，更加富于创新性。

（4）联想思维的方法

①类比法：通过将一种事物与另一种事物类比而进行创新的技法。其特点是以大量联想为基础，以不同事物间的相同、类比为纽带。

②移植法：是指把某一事物的原理、结构、方法、材料等转到当前研究对象中，从而产生新成果的方法。

第二节　广播电视编导创新思维的具体分析

一、创新思维的心理基础

创新思维实质上是对自己原有创作观念的突破，是编导对自己轻车熟路的创作思路改弦易辙，另辟蹊径，因而具有典型的创造性思维特征。

（一）创新思维的发散性

心理学把人的思维从品质上划分为再现思维和创造思维。前者是将过去的经验，依照原有模式进行回忆与重演的思维；后者是将过去的经验抽出一部分，重新组合，具有流畅、独特和变通特点的思维。在实践中，社会不断向人们提出了创造新事物、解决新问题的要求，这种要求一旦与个体的动机或兴趣结合起来，就会在人脑中转化为创造性思维活动，从而激发人的创新意识。由于创造性思维是心理学中一个相对宽泛的概念，因而，我们在本书中使用了"创新思维"一词，所谓创新思维，本书指的是作品构思中的创造性思维活动。

创新思维由两种基本形式构成，即发散思维和聚合思维。从心理学角度看，一次完整的创新思维活动，要经过发散思维到聚合思维，再从聚合思维到发散思维的多次循环才能完成。编导在构思中，也是通过发散思维和聚合思维的多次碰撞结合，才构建出新的艺术形象的。

发散思维是辐射型思维方式，它以一个问题为中心，向四面八方展开，思维就像太阳辐射光线一样向外发散。发散思维的特点就是一个问题可能会有很多答案，而且答案越多越好。发散思维是编导创新思维的核心，它主要集中在构思

第四章 创新及创新思维的相关理论

策划的创意部分,逆向思维、想象、联想、灵感、直觉等都是发散思维的具体表现形式。

而聚合思维则不同,它是指某个问题仅有一种答案,人们从不同的角度和答案中追寻这个唯一的答案,以达到解决问题的目的。具体到编导的构思,则是指编导对发散性思维获得的众多成果进行比较、分析、综合、判断、演绎,选择最合理的表达方法,获取解决问题的最佳方案。

在编导的创新思维中,往往是发散思维在前,聚合思维在后。发散思维激发创意,聚合思维确定创意和发展创意。

以《泉上的城市》的创作为例,该剧打算以沂蒙山区的沂河源头的一处清泉为引子,以大山深处的这股泉水来触动人们的思绪,再结合近年来城乡建设对自然环境的破坏,构思拍一部水源地保护的片子。

目标确定了,要找形象的实例来支撑。没想到,沂河两岸的生态破坏并不典型,作为拍摄的支撑点,几处现存的泉源(包括编导最早发现的),都被保护起来成了山里的"自来水",已经失去了"天然去雕饰"的形象意义,拍出来肯定达不到反差强烈的警示效果。怎么办呢?转换角度,想想天下之泉,编导继续寻找天然之美和破坏之烈并存的具体实例,但苦寻无果。后来,编导回到济南,突然醒悟,"远在天边,近在眼前",济南市的趵突泉和它的源头南部山区,正是编导要找的典型。思维一转换,选题就有了新意。其实,这是经过聚合思维的否定,继续采用发散思维找到的一条创作新路。

一部作品的产生过程,就是编导大脑不断开动的过程,就是思维触角不断伸缩感知的过程。在这种感知中,发散思维起到了决定性的作用,它活跃、流畅,触类旁通,积极进

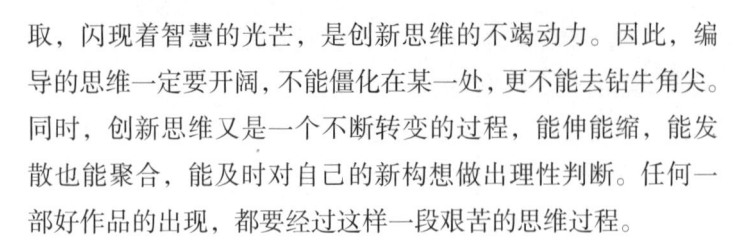

取，闪现着智慧的光芒，是创新思维的不竭动力。因此，编导的思维一定要开阔，不能僵化在某一处，更不能去钻牛角尖。同时，创新思维又是一个不断转变的过程，能伸能缩，能发散也能聚合，能及时对自己的新构想做出理性判断。任何一部好作品的出现，都要经过这样一段艰苦的思维过程。

（二）创新思维的想象性

知识类影视编导要学会用艺术的思维方式观察世界。这种思维方式不同于科学思维方式。科学思维是抽象、枯燥、严谨的，是严格符合逻辑的；而艺术思维却充满了形象和想象。

艺术想象来源于形象。形象思维有3个特点。一是在思维过程中，认识事物、表现事物，始终离不开生动具体的形象；二是艺术形象思维活动始终离不开想象；三是形象思维始终充满着感情。创作讲究激情，不管是内在的，还是外在的，没有感情色彩就感动不了观众，这在科学思维中并不多见。因此，知识类影视编导比其他片种编导多承担了一份并不轻快的责任：把不带感情的科学变成带感情的形象。

电视媒体强调形象感受，其重要性如同旋律之于音乐，色彩之于绘画，姿态之于舞蹈。广播电视编导在创作过程中，总是浮想联翩，不能脱离感性形象的具体活动。编导的形象思维能力越强，他所创造的艺术形象就越生动。对于以传播知识信息为主的知识类影视节目，抽象的概念、枯燥的知识、深奥的理论、烦琐的信息，都应当是"可以意识到的事物，而不是感觉到的事物"（恩格斯语）。因此，寻找形象，善于"无中生有"，就成为广播电视编导，尤其是知识类影视编导必备的一项基本功。

影视创作离不开形象思维，而想象和联想则是形象思维的基本方式。康德说过："想象力是一个创造性的认识功能。"在影视创作中，缺乏想象力的编导，是创造力萎缩的编导。几乎所有的知识类优秀作品，都是编导展开想象翅膀超越现实结出的硕果。编导依靠丰富的想象力，能将原来枯燥死板的知识讲得妙趣横生，韵味无限。

想象是一种心灵的创造、思想的自由，是所有人类心理能力中最少受限制的一种，它"能够首创各种可能的意象，赋予随心所欲的模样"。创造性的艺术想象是艺术思维的主要方式之一，只有通过创造性的艺术想象，才能创造出高于生活的艺术形象。

想象的同胞姊妹是联想，联想是一种由此物到彼物的创造性思维方式，在科普节目《当人站起来之后》中，这种方式被反复运用。联想围绕着中心形象，既可以由此联想到彼，也可以由彼联想到此。知识类节目中，大量晦涩难懂的科学知识，都是用这种打比方的方法来解决通俗化、形象化的问题的。

（三）创新思维的艺术个性

当全世界惊叹"深蓝"智能计算机战胜国际象棋大师的时候，艺术心理学家却从容不迫地指出，艺术创作永远不会被计算机所代替。艺术创作上的"千人千面"，都源自创作者独特的艺术个性，每一部作品，都是艺术家独特艺术体验和艺术技巧的综合结晶，不可复制。

作为一名编导，其个人气质、知识修养、性格特点、人生道路、生活底蕴、兴趣爱好、审美理想、专业技巧都会体现在作品中。"文如其人"就是这个道理。编导在艰苦的艺术探索中逐步形成的艺术心理定式，是一棵宝贵的"独苗苗"。如果独苗能长成参天大树，就是我们所说的"风格"。艺术个性是创新思维的发动机，一旦有新的生活发现、新的形式追求、新的认识和评价加入，这台发动机就会迅速启动，把创作活动带入到与众不同的境界。这也是我们在艰难的知识类影视创新构思中特别珍视的。

毋庸置疑，在每一部作品中，都融入了编导个人的人生观、美学观、科学观、道德观。编导的观念只有是先进的，他才有能力向观众传递进步的思想。《宇宙与人》对人类进程的宏观探索、《红绿灯下》充满生命关爱的交通知识传授、《拜泉县生态农业》对农村生态平衡的关注、《冬枣》在技术推广中渗透的一片乡情，都是编导思想境界的真实写照。

独特的生活体验、独具的文化修养、超常的艺术思维、精湛的艺术技巧、独立的艺术风格，是编导艺术个性中无可替代、无法效仿的宝贵精神财富，需要创作者自觉地珍惜和"修炼"。有的编导凭借某些天赋优势，或是遇上了一个好题材而获得成功，名噪一时，但却很快江郎才尽，再难见到有好作品问世。究其原因，不是他们不努力，而是作为一个艺术个体，他们头脑空了，后劲不足，严重缺乏"营养"。

要提升文化修养。创作是对一个人学识修养的高强度提取。丰厚的学识，能帮助编导从容应对高水平的创作需要。《流沙》《西藏的诱惑》《神鹿啊，我们的神鹿》等优秀纪录片的编导刘郎，对中国传统文化有着浓厚兴趣，在拍摄这些作品之前，他对中国传统文化艺术中的经典，如唐诗、宋词、元杂剧、明传奇等都有较深的涉猎研究，正因为有这样深厚的积累，

第四章 创新及创新思维的相关理论

他才不断创作出功底扎实的作品。

对于编导来说，最关键的还是要磨炼自己以便获得超常的艺术思维能力。在目前的信息化社会中，电视节目的发展令人炫目，创作周期大大缩短，题材内容日新月异，栏目竞争日趋激烈，没有敏捷的思维，如何得心应手地创作？特别是知识类节目，不可能门门学科都有所了解。《泉上的城市》是一部涉及大生态环境的科学调查节目，对其中的天文地理、生态植被、水源水脉、岩层构造等方面的专业知识，编导基本是陌生的，现实情况又不允许编导花大量时间专门研究。试想，如果编导没有敏锐的观察、准确的分析、丰富的感悟、新鲜的想象等特别的思维能力，怎样在短时间内消化和表达？

（四）创新思维的心理动态

关于创新思维需要什么样的心境，在艺术心理研究中并没有什么定论，既可以像杜甫那样"漫卷诗书喜欲狂"，又可以像司马迁那样"每念斯耻，汗未尝不发背沾衣"；既可以像李白一样"莫使金樽空对月"，又可以像陶潜一样"采菊东篱下，悠然见南山"。创作时的心理动态虽然多种多样，但有几点是很典型的。

1. 善于打破旧的思维模式

编导在长期的节目制作中，往往会形成一定的创作思维模式，在进行新的节目制作时，容易像庖丁解牛一样，用准确重复的方法对付每一个节目，并把这些东西重复使用，这无疑意味着在创作上自鸣丧钟。拍一部新片子，要提醒自己，不能用习惯的套路来"套"内容，而要依照新内容，寻找新办法。

(1) 超越常规思维

编导在最初的作品构想中，想到的一般都是人人能想到的点子，是常规思维的产物。超越常规思维，进而再深入调查研究，反复思考，才会获得与众不同的新鲜主意。作为一名专门为观众提供新鲜节目的职业编导，要鞭策自己摆脱思维的惰性，变常规思维为创新思维，想别人未想的点子，力求把节目办得富有首创性、独创性。技术推广片《节水高产种池藕》的编导，大胆引用计算机多媒体课件中的热键交互方式，形式新颖独到，引起了观众的兴趣。

(2) 运用逆向思维

逆向思维是指与通常思维习惯相反的观察和思考，它能从另一个角度对被表现对象进行验证，从而找到在常规思维中难以发现的内涵。科教片《当我们站起来之后》采用逆向思维方式，提出人类的直立行走在占到绝大便宜的同时会付出种种代价，揭示出任何事物都有利有弊的深刻哲理。

随着社会生活和人们思想观念的变化，大家已经不满足节目对事件所做的简单披露，更希望多侧面、多层次地了解事实。逆向思维的运用，常常能帮助我们拨开笼罩在事物表层的迷雾。电视专题片《召里村家庭精神文明百分赛》，编导本来是去采访北京通州一个村里的"文明户百分评选"发奖大会，不料，大会上竟然有人跳出来反对，言辞激烈，情绪激昂。编导立即采访这3个不满意的农户。于是，经过村干部和3户村民的一番唇枪舌剑，揭示出了事情的曲折原委。原来，这3户村民自己有缺点，让村干部扣了分，所以没有获奖。一番了解之后，观众都已经明白"文明户百分评选"深入人心，农村精神文明建设落在了实处。编导不拍获奖的，而拍不获奖的，由正及反，矛盾突现，一下子抓住了观众的好奇心。编导面对瞬间发生的情况准确把握，运用逆向思维，使事实清晰立体地呈现在大众面前，表现出了较高的创作素养，同时也体现了运用逆向思维的魅力。

2. 善于放松创作心境

在心理学上，心境是一种使人的所有情绪体验都感染上某种色彩、较持久的情绪状态。如一个人兴致勃勃时，干什么事都会乐滋滋的；而灰心丧气时，则会见花落泪、对月伤怀，干什么事都打不起精神。古语"忧者见之则忧，喜者见之则喜"，说的就是对同样事物在不同心境下的不同体验。良好的心境，有助于发挥积极性和克服困难。所以，编导在长期苦思，暂无所获时，不妨放松一下，换换思绪，让思维自由飞翔，说不定新点子就会欣然而至。

获得国际大奖的中国画《血与火》，作者李玉滋先生多年前就想创作一幅表现中国人民14年抗战的作品，但却一直"苦苦思索而不得其解"，主要是找不到作品恰当的表达形式，进入了一种"创作不下去"的状态。后来，画家暂时放弃了对作品的思考，激昂的身心渐渐平静，平静之余，画家来到青龙寺掌灯学画，描摹古代庙宇中的宗教壁画。无意之中，壁画上一团燃烧在天兵天将头上的霹雳火"元宝火"启发了画家对形式的追求，点亮了画家沉睡已久的艺术构思，这幅以火为题的工笔重彩作品得以问世。

3. 善于运用潜在思维

潜意识，实际上是记忆中保持的而自己又没有意识到的经验。过去的阅历、知识作为潜意识储藏于人们的大脑中，当眼前的事物出现时，两者突然联通，互相诱导，从而产生了认识的飞跃。从这一角度来说，编导所应具备的素质之一就是灵性，强调编导要具有直觉思维，正是潜意识被唤起以后发生作用的结果。因此，潜意识在编导的创作过程中有着很重要的作用。编导要充分调动自己的潜在思维，为创作服务。

一般来说，没有过去的经验，显然不能对眼前发生的事物做出"直接的本质理解"。直觉实际是过去的经验，包括前人积累的间接知识经验，经过大脑加工，唤起对眼前某一事物的顿悟。而对过去经验、知识的唤起与加工，正是编导进行潜思维的过程。像文学中的灵感，新闻中的敏感，实际上都是源于这种潜在思维。

凡有创作经验的人都有这样的体会，在创作过程中，每当处于情感高涨，忘却自我，不知创作之为创作的时候写下的文字、闪现的念头，往往是最富于艺术魅力的部分。创作中的这种状态，人们把它叫作灵感突现。我国唐代诗人皎然这样概括："佳句纵横，若不可遏，宛若神助"，王国维则称之为："意境两忘，物我一体"。实则，这是一种运用潜意识的状态。

梦境有时会为编导的创作带来神来之笔。心理学家弗洛伊德认为："潜意识中的本能冲动趁人睡眠时以伪装的形式骗过所有松懈的心理检查机制而得以表现，就构成了梦境。"主体在借助睡眠暂时摆脱常态心理控制的状况下，有时会直接升华到正常心态时难以企及的艺术境界。

其实，利用梦境的道理就在于创作者早有情感萌生于心，只是在清醒时为常态心理所羁绊，想象难以腾飞，"有心栽花花不开"；入梦之后，常态心理遭到抑制，主体处于"无意为之"的精神松弛状态，正是这种状态提供了自由想象的契机，"无心插柳柳成荫"。常态心理条件下播在心田的种子，在梦境中寻到了开花结果的温床。

二、创新思维的构思活动

艺术家经常在创作中遇到"文思汹涌"和"文思阻塞"两种心境,其实,这都是构思活动处于巅峰状态时的现象。"汹涌"不足喜,"阻塞"不足惧,"山穷水尽"后的思维转换,常常给创作带来"柳暗花明"的惊喜,甚至是质的突破。

经典影片《居里夫人》一片中有一个高潮段落,说的是居里夫妇发现放射性元素镭的关键时刻。科学家历经曲折,从几十吨原料中一步步提取,当提炼终于结束时,钵内空空如也,只有一点水锈。他们在失败的阴影下回到家里,居里夫人突然想到,镭会不会是极微量的元素呢?他们随即赶回实验室,透过门缝,居然看到了镭在黑夜中散发着光芒!这个科学史上的戏剧性细节,与艺术家们的创作感受如出一辙:"众里寻他千百度,蓦然回首,那人却在灯火阑珊处。"科学家和艺术家思考上的惊人一致,证明创新思维活动并不是"羚羊挂角,无迹可寻",而确实有一些内在规律。

从作品的角度分析科学、艺术和大众的关系,我们还会发现,科学探索过程、观众认识过程、影视艺术规律在优秀的叙述类科教影视短片中也有明显的聚合点。

一般而言,科学探索过程(内容)、艺术表现规律(形式)、大众鉴赏心理(传播效应),这三者会呈现出发生、发展、高潮、结束的自然轨迹。因此只要我们尊重这些基本规律,就有可能在三者相近的发展轨迹中,找到它们的许多结合点,也就是作品需要表现的重点;"众里寻他千百度"就有了目标,这就从作品的角度证明,知识类作品的创新构思,是可以探讨和操作的,如果我们能够梳理出一些规律,就有可能把科学、艺术、大众融为一体,不断孕育出全新的艺术生命。

从具体操作的角度讲,编导的构思活动上承生活观察,下接形象物化,包括了选择题材、确定立意、结构作品、寻找细节、探索形式等,是编导在大脑中不断修改的一张"蓝图"。由于目前知识类影视作品形式上的多样性,因此本书难以以一概全,仅就编导们经常拍摄的叙事性短片做一些构思上的剖析。

(一)构思的缘起

与一般影视作品的构思基础明显不同,知识类影视编导的原始素材是知识,它抽掉了生活中生动具体的个别形象,提炼成共性的理论要素。知识类影视编导要做的,是把这些知识还原到具体可视的典型环境中,在个别形象中展示人类共同的智慧,因而,编导们同样需要借助于生活。

1. 踏遍青山——构思与生活

比如,著名作家贾平凹踏上了去新疆体验生活的路途,他希望通过这一过程,为自己今后的作品增加更多的底蕴。不约而同,其他很多作家也纷纷走出书斋,来到社会底层,到普通百姓中去。这一现象在善造新词的互联网上,被称为"用脚写作"。作家、艺术家走出书斋,居然成了媒体新闻,这对常年奔波于生活一线的编导们来说,很难理解。所谓"行万里路",对编导们来说是抬脚之劳。正因为如此,反而常常掉以轻心。

(1)深入生活

"涉浅水者得鱼虾,潜深水者得蛟龙",蜻蜓点水、走马观花，很难满足创新构思的要求。编导们平时做节目，时间急，任务重，经费紧，来也匆匆，去也匆匆。如果编导们还不抓紧时间和老乡们多聊几句，"饱汉子不知饿汉子饥"，提供的科技内容脱离现实，做出的节目讲不清门道，所谓"新"就变成了一纸空谈。"新"离不开"实"，并不是说编导要死盯着群众的实际需要，而是把屁股真正坐到农家的田埂上，深入体验生活的真谛。

我国近代的文艺理论大家王国维说过，"入乎其内，故能写之"，说的就是创作者要深入社会生活之内中。特别是反映当前科学进程、展现科学文化人物的知识类节目，更是直接取材于社会生活。但是，社会生活作为一种客观存在，不会自动跑到编导面前。要为自己的知识内容选择新鲜独特的形象外衣，获得丰富、典型的题材和素材，编导就不能漂浮在生活的表层，而要"纳千顷汪洋，收四时烂漫"，将生活这个金矿实实在在移到自己心里，才能犹如探囊取物，随时调取。

（2）发现生活

生活是平淡的，知识是抽象的，怎样使它们有机地融合呢？只有对生活进行有目标的选择和提炼，为知识所用。编导要做的，是把生活中一点一滴的精彩汇集起来，创造生动的十分钟或更长的屏幕时间。编导的眼睛要亮，要善于去捕捉、去组织、去渲染、去铺垫，去强化矛盾，去制造悬念，让知识变成个别的形象、个别的事件、个别的过程。当然，这就需要有所发现。匈牙利电影美学家贝拉·巴拉兹说过："艺术不在于虚构，而在于发现。艺术家必须在经验世界的广阔天地中发掘出最有特征意义的、最有趣的、最可塑造的和最富有表现力的东西，并且把自己的倾向性和思想意图异常鲜明地表现出来。"对生活中"美"的敏感,是编导必须具备的能力。一个优秀编导,他眼中的世界已不同于常人,在这个世界中,他随时能发现令人振奋的东西。在别人看来普普通通的事物,他却能从不同于常人的角度,发现它未经别人开掘的魅力。

在《泉上的城市》一片中,编导以敏锐的眼光、独特的视角、开阔的思维发现了许多与主体知识密切相关的生活素材。其中有一幕:摇辘轳。编导通过农家院内母子俩摇辘轳打井的场景来刻画农家的辛劳以及对水资源的渴求。比如,剧中的男主人说,井已经打了三十多米,但却连水的影子还没见着,估计至少还要往下打十几米。画面中,井深幽幽,隐约能看见井底有一盏灯,衬托出挖井吃水的艰难……这一幕自然、亲切、真实的生活场景呈现在人们的视野中,从而表达出了当下人们对环境被破坏、水资源短缺的担忧的生动含义,不再需要任何其他语言来诉说了。

(3)链接生活

无论是提取生活积累还是有目的的素材搜寻,都关系到一个与知识的"链接"问题。如何判断生活现象和知识(或知识类节目的主题)之间的联系呢?科教片《冬枣》的编导在构思前就碰到了这个谁也回避不了的问题。原来,冬枣作为一项高新技术培育的硕果,技术内容很新,但表现起来却很平淡。编导有一次到金丝小枣的故乡拍片,看到了群众打枣的热闹场面,接着又听到"八月十五枣红腚,九月十五打干净"的农谚,茅塞顿开。冬枣的主要特点不就是晚熟吗?那咱们就从群众打枣的生动画面开篇!这是一种对比性知识链接。

寻找生活形象和知识之间的本质联系,是知识转化为形象,缘起构思的重要手段。如何寻找,则应了陆机在《文赋》

中说的一句话："精骛八极，心游万仞。"

2. 心游万仞——构思的缘起

王国维先生在《人间词话》中，经过对我国千年文艺创作现象的细致观察，对文艺创作构思过程做了一段形象的描述。

构思的第一种境界是"昨夜西风凋碧树。独上高楼，望尽天涯路"，说的是构思起点阶段对创新的高要求和大视野。

构思的第二种境界是"衣带渐宽终不悔，为伊消得人憔悴"，说的是构思发起后艰苦的探索过程。

构思的第三种境界是"众里寻他千百度，蓦然回首，那人却在灯火阑珊处"，说的是构思缘起后获得的初步成果。

当然，现代知识类影视创作构思与传统文艺已经有了很大变化。但是，凡有创新性质的作品构思，作者的心境恐怕都没有跳出这位博学老夫子的"手心"。

（1）清风倩影

在创作构思的起点上，编导对自己的作品并没有清晰的轮廓，只有从生活和知识中得来的某种美的感受，即使是计划性的题材，这时也并没有激发起编导的创作欲望，还处于一种创作冲动的潜在阶段，需要创作心理的激活和碰撞，使编导情不自禁地产生创作一部主题明确、形式新颖的作品的欲望。对于知识类节目的编导来说，往往就是一次新知识与新鲜生活的链接或暗示。《泉上的城市》一片的创作，即缘于编导在沂蒙山里发现的一处山泉。

构思的缘起是创作的萌芽阶段，是作品孕育的起点。它包含着由生活暗示出来的初步主题意向，或只是一个极不完备的美好片段，或虽有某种不可忘怀的题材，但并未理顺思路的一些遐想。编导只是在头脑中产生一种艺术直觉，所以我们称之为"清风倩影"。大概从这时候起，编导开始进入一个独特的思维境界，这大概与"昨夜西风凋碧树。独上高楼，望尽天涯路"的感触是接近的。

（2）精骛八极

其实，这种独特的思维境界正是发散性思维的表现。对艺术胚胎的孕育，不同的编导有不同的思考过程，因为每个人都有其独特的心理条件及艺术基础，其形成时间的长短也各不相同。这时的编导，在头脑中会展开丰富的思维活动，调动起一切相关的知识信息和生活经验，寻找或重组形象。这是一个艰苦的探索过程，夸张一点，则是"衣带渐宽终不悔，为伊消得人憔悴"。在《泉上的城市》中，当编导对沂蒙山里的山泉产生感悟之后，便展开想象的翅膀，纵横驰骋，心游万仞，几乎想到了天下所有的名泉，逐一与主题或知识点对照、取舍。

（3）如临胜境

"众里寻他千百度，蓦然回首，那人却在灯火阑珊处"，编导终于找到了新鲜独特的"那一个"，为自己的作品物色到一个可供表现的美的形象。这就是我们所说的第三种境界。在《泉上的城市》中，"千里的雷声万里的闪，打着旋涡进南山"，这一构思缘于一场暴雨，从而激起了作者的构思。由此，济南泉群的停止喷涌，一方水土的保护，民众的生态意识，经济建设的发展，种种问题，都围绕着"水"条理清晰地展现出来。基本的创作框架构建起来了，编导也寻找到了美的形象，"水"美人才美。

一旦形象清晰起来，编导就应该及时发展和深化构思，同时着手案头工作，进行初步物化。编导在构思的发展阶段

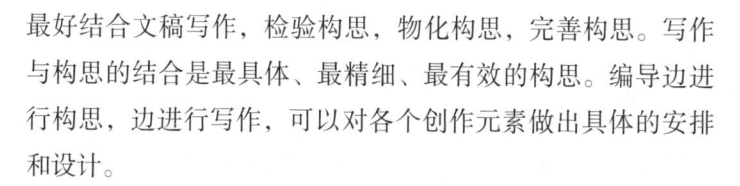

最好结合文稿写作，检验构思，物化构思，完善构思。写作与构思的结合是最具体、最精细、最有效的构思。编导边进行构思，边进行写作，可以对各个创作元素做出具体的安排和设计。

（二）构思的发展

1. 一箭中的——构思与题材

正如杜甫诗曰："射人先射马，擒贼先擒王"，选中了一个好题材，就是成功了一半。编导在作品的构思过程中，需要把握的就是对题材的判断和选择，即使在构思的缘起中有了许多好的想法、好的中心形象，也要重新审视，慎重确定自己的选题。选题是编导在创作中走出的关键一步，是整个作品的基础。把握好了这一关，常常能顺势理水，一举成功。

知识类影视作品有着广泛的创作范围，上到宇宙空间，下到地球万物、日常生活，有着取之不尽，用之不竭的题材。大千世界，芸芸众生，都是可以表现的内容，编导面对眼花缭乱的题材，如何选择，需要功力。

选题要新，人所共知。作为一个知识类编导，虽然他在许多知识和生活领域中都可以"开发"出面目一新的题材，但是，最应当关心的还是时代。

（1）时代的选题

每一个时期，都有大众共同关注的、具有普遍社会意义的新问题，编导准确把握，就能创作出好作品。许多优秀作品的出现都是由于抓住了时代的选题。

电视系列片《让生命永存》的拍摄，是出于当前生态环境的急剧恶化，而呼吁全球性改善生态环境、保持生态平衡。

作品站在历史和未来的高度，阐述了物种多样性的重要意义，表现了人与自然相互依存的根本关系，及时提供了系统的科学理念。我国南方遭受洪水灾害后，人们都在进行反思，《白蚁巢探奇》的编导抓住"小小白蚁却是毁坏大堤的致命杀手"这一科学亮点，取得了成功。《农民潘根大》的选题也很有时代意义。此片是通过潘根大复垦造田的曲折历程，体现了千百年来农民生态意识的艰难觉醒。当时，选题立即被列入中央电视台大型系列片《中国人》的拍摄计划中，并作为重点选题强化创作。当基因、克隆、纳米等名词高频率出现于报端时，《基因与转基因动物》《纳米技术》等作品随即播出或放映，这不能不归功于编导对题材的及时把握。

（2）准确的选题

创作了《西藏的诱惑》等纪录片的编导刘郎，在电视界以选题奇特而引人注目。他曾这样讲述过他的选题经验："创作这些片子的过程，实质上就是我在寻找自己优势的一个过程，这个优势，就是自己的文化修养与西部生活、西部题材的契合点，找得越准，片子也就越成功。"

选题准，首先表现在编导应该对自身的优势和能力有一个准确的认识，不要去选择那些完全没有自我感触的生疏题材，要在自己有兴趣、体验深的题材上下工夫。

选题准，其次体现在编导对题材的准确判断上。节目选题可能是领导安排、客户定做，也可能是编导个人所悟所选。作为编导，需要判断这个题材有无拍摄意义，是否适合用影视表现，有没有热点、闪光知识点，适合不适合形象再现，观众是否需要，等等。

编导对题材的把握是其感悟能力、审美趣味的综合体现，是以眼睛发现、心灵感悟为过程的个人思维活动，但绝不能孤芳自赏、自以为是，必须以社会价值为最终标准。亚广联评委对纪录片《沙与海》的评语："有利于本国发展"，这是我们不能忘记的。

（3）急需的选题

现代社会条件下，人们对信息知识的需求量越来越大，要求也越来越高。人们渴望信息快捷又能满足自己的具体需求，编导选准了这些题材，也就把准了观众的脉搏。目前，我国对青少年的性教育还很欠缺，同时，现代家庭独生子女多，青少年教育问题极受家庭重视。生理科教片《花季雨季》的编导把准了这一点，选择青少年青春期教育这一题材，作品播出后，立即受到青少年、家长的欢迎。电视片《毒品的危害》的创作，是在毒品危害迅猛扩张的时候完成的，社会发行量超过了22000套。专题《洗衣店的创业经验》一片的选题，也是在需求的拉动下产生的。现在下岗人员如此之多，开洗衣店不失为一条再创业的好路子，但洗衣店也不能盲目地开。可见，本片编导对本片的选题考虑，就是要及时为人们提供一些可行的创业方法和经验。从这些作品的收视率或发行量来看，这些作品为社会所急需，在市场中都有很好的"卖点"。编导选题时，不能忽视市场和社会的需求，需要摸准规律性的变化。

2. 立意天然——构思与主题

正所谓"玉不琢，不成器"，编导熟悉并选择了好的题材并非就万事大吉了。有了好的选题，还必须经过深入开掘，使之提高和升华。对题材开掘的最终目的是发现本质，揭示出题材内具有永恒性的东西，也就是提炼出作品的主题。

然而，在创作过程中，作品的主题并不是轻而易举就能体会到并表达出来的，主题需要提炼，需要开掘。确立主题需要经历一个去粗取精、去伪存真的过程。作品主题，不能凭空编造，也不能无依无靠地悬在空中，它必须依赖题材而存在。编导对题材的发现、选择、取舍的过程，同时也是主题提炼的过程，也是对主题发现、选择、探索、开掘的过程。德国大诗人歌德说过："独创性的一个最好的标志就在于选择题材之后，能把它加以充分发挥，从而使大家承认，压根想不到会在这个题材里发现那么多东西。"

长城，是一个已经被人拍"滥"了的题材，然而北科影拍的《长城》，从无人涉及过的美学角度叙述长城，取得了巨大成功，获得了第十六届中国电影金鸡奖"最佳纪录片奖"。编导对此片立意的开掘，经历了一个曲折而又艰难的过程。编导最初的想法是力图弥补过和没到过长城的人的遗憾，去展示长城之雄伟及其历史之悠久，给人以知识和启迪。但这样的立意，无疑是在炒前人的冷饭。经反复思索、推敲之后，编导摒弃了原先的想法，开始寻找新的视角去立意。在苦苦思索过程中，著名美学家宗白华先生的文章《长城的壮丽美》给了编导启迪，把编导的视线引向美学。编导对立意的深入开掘，引导观众走近长城，去看时光与岁月为长城镌刻出的美的"年轮"，影片从美学角度去展示长城，立论别开生面。

对主题的开掘是艰难的，需要经历一个由浅入深的漫长的思考过程。编导开始把握的作品主题，往往都停留在题材的表面，是一种比较肤浅、模糊的感性认识，需要编导不断地深入现实，在发现、体会、思索中进行校正、提取，才能把隐藏在题材背后的深刻主题层层剥离出来。

3. 先据要津——构思与视角

在英国拍摄的一部片子《古树的控诉》中，现存于世的最年长植物——一棵生长在加利福尼亚州白山之上，有着4643年历史的狐尾松，开口讲述了自己的故事。在片中，编导用一个苍老的声音作为老树的内心独白，赋予了这棵形貌苍古的老树以生命的魅力。娓娓动听的叙述，生动地描绘了人类从埃及金字塔的建造，到原子弹爆炸试验近5000年来的沧桑历程。影片引起人们反思的，已经不仅仅是对环境保护的思考。编导在巧妙构思中所选择的独特视角，让作品迅速切中要害，对形象进行犀利、深刻的剖析，很好地表达了主题。

"横看成岭侧成峰，远近高低各不同"，每一个角度都能反映事物的特征，却又只能反映其众多特征之一。我们只有从众多的角度中，选取一个能反映事物最独特的视角，才能独辟蹊径，迅速占据要地，更好地体现创作意图，表达作品主题。

（1）表达一个新主题

"见人所未见，发人所未发"，选取一个独特的视角，即换一种角度看问题，能够使老题材以崭新的面貌出现，表达全新的主题，引导观众进行另一层面的思考。

《中华百年祭》是反映中华民族上百年屈辱史的历史题材。这类题材的作品，近些年来可谓俯拾皆是，但此片的编导没有按习惯思路平铺直叙地演绎历史，而是做了新的艺术探求。最具特色的一点，便是作品的视角选择。作品没有直接述说历史事实，演绎历史进程，而是以山东艺术学院青年画家蔡玉水历经10年艰辛创作出的大型水墨组画《中华百年祭》为切入点，通过绘画作品，艺术地展现了中华民族近百年的屈辱史和抗争史，视角的转换使传统题材实现了"老树生新花"。

如果视角雷同，或是视角过于普通，落于俗套，往往导致众多作品千篇一律，没有新意。反映人类永恒的"母爱"的主题作品，可谓不计其数，但大多数停留在表现母亲毫无保留地为儿女奉献的层面上，导致了众多作品的雷同化。而《母亲，别无选择》则从完全不同的角度，将叙事视点投向人物内心，落在母亲的矛盾心态上。从母子亲情与母亲自己对美好生活向往之间冲突的角度，来着力开掘，使作品展示的不仅仅是慈母病儿的故事，还有一种对命运挑战的顽强生命意识和抗争精神。编导选择的这一视角，使《母亲，别无选择》超出了一般的母爱主题，对"母爱"进行了全新诠释。科教片《冬枣》，题材很一般，以普通角度来看无非就是一项对冬枣进行脱毒密植的技术，但该片编导在构思时对题材进行了重新审视，作品浓墨重彩地描述了技术员老于及其他科研人员的活动，在对技术进行展示的同时，向观众传播了一种科学方法、一种科学精神。

（2）打开一个新结构

在影视作品中，视角往往体现在节目的切入点上。编导都希望为节目找一个好的切入点，使节目一开始就能抓住观众，"一鸣惊人"。找好了切入点，下边所要连接的就是贯穿作品始终可以深入了解知识信息的线索，视角找不好，就无法连接下边的线索，从这一点来说，视角就成为结构的总方位。构思一个新视角，也就打开了一个新结构。科教片《新型养鸡笼具》的视角选择就很有特点。片子一开始，就是一个鸡蛋从很高的地方落下来，竟没有摔破。这就引起了观众的兴趣，怎么回事？哦，原来是采用了新型的鸡笼底网，什么样的鸡网有这样的功

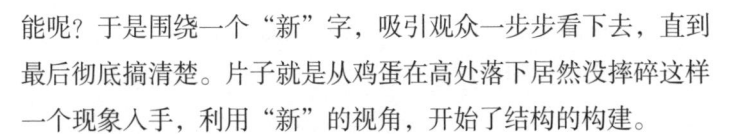

能呢？于是围绕一个"新"字，吸引观众一步步看下去，直到最后彻底搞清楚。片子就是从鸡蛋在高处落下居然没摔碎这样一个现象入手，利用"新"的视角，开始了结构的构建。

"煮熟的鸭子飞上了天"，更能引起观众的注意。与众不同的、完全陌生的思考角度，能够开拓出全新的结构。长久以来，大家一直讨论的都是进化带给人类的种种好处，但《当我们站起来之后》的编导却采用逆向思维选择视角："人类因为直立行走创造了人类本身，但却在看似占到便宜的同时，付出了不小的代价。大自然本来按卧式方案设计的动物，一旦站起来变成立式动物，究竟带来了什么后果呢？"节目从完全反向的视角，表现了人类为直立行走付出的种种代价，然后就以此为线索，展开了一个新结构。

（3）寻找一个恰当的视角

作品的视角不但要独特、新颖，对于某一特定作品而言，还应是最恰切的。

作品的题材，有的恢宏壮阔，有的细致独特，有的文化意蕴深厚，有的就是普通平凡的生活。编导对作品视角的构思与选择，应该因题而异，为题材选择最恰切的视角。日本大型纪录片《尼罗河》，以日本女演员岸惠子母女从尼罗河入海口沿河寻找尼罗河源头的旅程为线索，记录了尼罗河两岸的自然状况和两岸人们的生活。这可以说是一个较大的题材，编导也正是本着从"透析尼罗河对人的养育和人对河水的依赖"这样的角度，来表达人类对整个大自然养育之恩的感激。而另一部纪录片《小鸭子的故事》，却以一个极为微小的视角，通过对东京繁华都市中一个鸭子家庭命运的关注这样一个小题材，从另一侧面生动地反映了人与自然的关系。

视角的选择要通俗，贴近观众，熟悉的才会产生亲切感。服务于百姓经济生活的中央台《生活》栏目，以平民的视角讲述与百姓生活息息相关的日常经济生活问题，让观众在获得实用知识的同时，享受到生活情趣。技术推广片《新牛经》，编导选择了一个"跟农民混得烂熟的农业技术干部"的视角，跟农民面对面地说着聊着就把技术讲完了。

谁都不愿嚼别人嚼过的馍，但是，我们不可避免地会遇到一些别人已经拍摄过的内容，这就需要我们找准切入点，尽量选择新颖的表现角度，挖掘出别人尚未挖掘出的东西。

（三）构思的深入

1. 峰回路转——构思与线索

叙述性知识类影视作品的线索，是素材、情节、结构的联合体。由于电视节目"一遍过"的传播特点，因此一个主题、一个事件、一条线索、一个故事成为节目构思的主流。在这里，我们主要分析一下线索中的素材和结构因素。

丰厚的素材，是挖掘作品主题的基础，是编导借以表达作品主题的最根本载体。但客观世界是无比丰富的信息源，每一种存在都以各自的方式散发着有关信息，编导如何从众多的信息中选取自己想要的素材呢？

如果说素材是一粒粒的珍珠，那么只有当用一根线把它们串联起来时，这些散乱的珍珠才能成为一条美丽的项链。在电视作品中，这根线就是作品的主题和情节，脱离了这根线，孤立存在的素材是没有意义的。编导只有牢牢"握"紧这根线，顺线梳理、安排素材，创造的作品才能成为编导想要、观众喜欢的那串耀眼夺目的项链。

(1) 围绕主题选择素材

选材，主要考虑的就是选取能够突出反映主题，能够为表达主题思想服务的素材，这是核心。在这个核心中，有些内容素材是可以直接服务于主题的。这些素材存在的意义较为明确，选择时就要考虑挑选那些最有表现力、最有感染力的素材。在此情况下，要敢于舍去与主题无关的素材，特别是要舍去本身很有表现力但与主题偏离太远的素材，否则它就是非常艳丽的蘑菇，好看但有毒，会破坏、削弱对主题的集中体现。

《麦田革命——小麦节水高产之路》是一部技术推广片，其素材选择的首要原则就是对知识内容的选择，我们来看一下本片编导是如何依据主线来选材的。本片的制片目的是向农民推广节水高产小麦的综合配套技术，编导在立题时就确立了一条主线（小麦节水高产之路），这是全片的中心主体，也是全片的纲领，它贯穿了整部片子，因此片中所表现的2个重点（一个是关于周年水循环的知识，另一个是关于小麦的深层根在水分吸收中的作用的知识）都是紧紧围绕这条主线选择的。这2个重点的选择经过了如下过程：编导在自己原有农学知识的基础上，经过反复研读该项科技成果的有关资料，先找出成果的几大特点，其次依据这几大特点查找相关资料做知识铺垫，最后从中删除不适合农民接受的、不适合画面表现的，强调可以传授的、通常被人们忽视的。比如，小麦主要靠根系吸收水分，这是众所周知的事实，但人们却忽视了小麦的根长达5米，在土壤上层缺少水分的情况下，分布在1～2米深的根就能担当起吸收水分的作用。由于根系看得见，易于表现，又是能使小麦高产的重要因素，所以成为表达主题的重点，因此编导搜集、拍摄了大量这一方面的素材。

编导对素材的选择是有目的性的，始终不能离开主题，对素材选择的这种目的性是在采访、拍摄过程中逐渐形成的，有时会跟初衷不同。编导会预先设计好一些情境，但实际发生的一切会与预先的设计有所不同，这时编导就要调整自己的构思，根据实际对构思好的目的进行调整。纪录片《德兴坊》编导的初衷是，"想表现上海弄堂居民的人情味，表现小人物的人生，绝没有表现高深哲理的奢望，因此选择的都是琐碎、具体、实际的人和事。可是拍摄过程中我发现自己不但在拍人，而且是在拍中国的文化，中国的习俗、道德、伦理，充满在人的生活中"。这正是因为创作者采集素材具有明确的目的性，所以才会在此过程中有新的体会，"用心去体会石库门人家的情感，用镜头去捕捉平淡无奇的生活"。

当然，围绕主题选取素材，并不是要让主题左右编导的选材取向。编导对素材的选择应尽量丰富，尤其是在主题不是特别明确的时候，更应该大量地占有素材，凡是感觉与主题有关的，应该尽量全面掌握，然后从中提取出最能表达主题的进行运用。

（2）围绕线索挖掘素材

编导在选取素材的过程中，时常会遇到这样的情况，就是有些事件表面看来与主题无关，但这个材料因为某种需要而要用，或它有感染力、有表现力而应该用，这就需要编导想办法挖掘出它与主题的内在联系，巧妙地找到它们的连接线，也即要赋予这些素材以主题的色彩，这也是编导对素材构思的一种创造。

寻找素材与主题之间的联系，绝不是简单的拼凑。简单

第四章 创新及创新思维的相关理论

的拼凑是杂乱，而杂乱和丰富往往就差在一丝一毫之中，如果编导找到了这一丝一毫的根，也就找到了自己的创作点。比如首汽想拍一部关于安全驾驶的片子，并想在片中表现自己的计算机房。计算机房与安全驾驶有什么内在联系？这就需要编导施展自己的功力去寻找。编导在探索过程中发现，他们曾经用计算机给司机做过生物节律测验，这样一来，就把计算机房与作品主题"安全驾驶"联系起来了，把它变成了主题的一部分，并且丰富了主题。科教片《白蚁巢探奇》的创作中，编导也有过这样的体会。他们曾拍摄了一个工蚁采集鸡枞菌的放大镜头，细腻地表现了工蚁的这个动作。镜头很有表现力，但与主题关联不大，编导巧妙地利用解说词将这一素材与主题联系起来了："这只工蚁一见到长出地面的鸡枞菌，就大口大口地吃起来了，但是它万万没有想到，这些鸡枞菌正是人类为消灭白蚁寻找蚁巢的重要标志之一。"这样一来，这个生动有趣的镜头就成了主题这根主线上的一颗闪亮珍珠了。

（3）注重过程的展示

人物形象塑造所需的个性语言、动作，事件发生、发展的生动转折，科学探索中的关键点，往往都是在对过程的记录中被捕捉到并展现出来的。对事件过程的记录，是塑造人物形象的必需；寻找科学的探索和研究过程，是对科学本身的深刻剖析。因为过程不但为结局的发生提供前提，做好铺垫，而且过程本身也承载着对主题的表达，过程大于结果。

在科普片《东北虎野化训练》中，展现的在野外场地对东北虎进行生存训练的过程，既让观众对训虎具体的训练操作、训练成效有了一定了解，又在观众心中留下了期待，即东北虎在经过野化训练后，能否成功地回到东北的深山老林中，完成自己的物种延续？

过程纪录由于时间的延续性，其中蕴含了深沉的情感，"在科学过程中，有科学家的情感；在创作过程中，有创作者的情感"。同样是《第十三片绿叶》，编导在一步步揭示小麦"旗叶"具有强大功能奥秘的过程中，不断穿插科学家进行艰难探索的"长征"镜头，让观众在体验科学奥妙中，产生对科学家的无限崇敬与热爱。

（4）围绕线索讲故事

克雷格·富兰克林说："请给我讲一个故事，使我关心、发笑、流泪、思考；给我信息，使我惊奇；给我悬念、矛盾或困惑。"金圣叹在《第六才子书》中评点《西厢记·赖简》时说："文章之妙，无过曲折，诚得百曲千曲万曲，百折千折万折之文，我纵心寻其起尽，以自容身其间，斯真天下之至乐也。"

曲曲折折便是故事，情节、悬念、矛盾冲突是讲故事的基础。美国国家地理杂志投资拍摄的《贪婪的攫取者》就具有"恐怖片"的味道。片子一开始就是一对青年男女在电影院的恐怖音响效果中落座，随即被画面吓得要死，原来银幕上出现了一个在显微镜下被放大的虱子的特写！接下来的正文内容也很丰富，编导设计了一家人到郊外度假，通过他们的故事，讲述了几种寄生虫的传播和生存方式。巧妙的构思，生动的故事，吸引了无数观众，也给了编导一个极为轻松的表述空间。

从电视属于"平民文化"的角度来看，讲故事的叙述方式更容易被广大观众所接受。将原本复杂、枯燥的概念和内容，叙述成一个有滋有味的故事，"使我敬，使我骇，使我哭，使我思"，让观众爱看、想看、看了入迷，进入一种奇特的审美心理状态。但生活和知识不可能都有生动的情节和悬念，并且知识类影视片由于长度和篇幅所限，也不可能过多地展示和铺陈曲折离奇的故事。这需要编导对知识内容本身进行深入挖掘，在科学内容中设计矛盾、冲突，让科学内容本身构成情节，成为悬念，然后对其进行层层解剖，给观众讲一个生动的故事。

同时，"文似看山不喜平"，线索也必须有强调和变化，如讲过程、设悬念，变化和强调是作品的气韵。编导对线索的梳理要有所偏重，有所变化，才能奇峰突起、气韵生动。

2. 俯仰开阖——构思与段落

中央电视台"对话"栏目中播出过一期节目《生死档案》，编导以现代科学技术为依托，以极富想象力的构思，将节目的段落设计得有起有伏。开始的段落是主持人、嘉宾、现场观众及利用现代卫星通信技术传送的台湾专家在讨论捐献骨髓一事，下一个段落则是事件当事人之一（接受骨髓捐献的小姑娘）出场，最后一段才让大家一直都在期待的骨髓捐献者出场。整个节目情节发展连贯，段落安排此起彼伏、丝丝入扣地向前推进，直至高潮段落出现：让台湾的骨髓捐献者、医治专家和大陆的受捐献者隔着海峡进行直接对话。编导不断在材料方面准备落差，让观众在俯仰开阖的段落安排中领会到对知识信息的不同表达。

一部作品大致分成几个段落，每段的内容是什么，这几个段落以怎样的层次展开，哪一部分材料最重要、应该成为高潮，高潮放在哪里合适……段落的划分是形成结构的基本前提，段落的组织安排则是形成结构总框架的直接物质材料。峰回路转、引人入胜的结构构建，离不开段落的合理划分与安排。

在对科学知识进行解剖的作品中，编导要把知识本身作为段落，对知识点进行合理解剖与组织。关键的知识点应为细节表现，并且一定要放在高潮段落进行重点剖析，以充分调动起观众的视觉注意，使其得到强化。

在内容上，迅速有效地进行场面转换，能够在段落之间产生反差，不断带给观众新鲜感。在美国大片《珍珠港》中，表现日军战机轰炸珍珠港时，空中、地面、海面、水下4种不同场景迅速穿插转换，带给观众强烈的视觉刺激，同时又使观众获得了全方位信息。编导在段落的构思中，要有意识地拉开段落之间的距离，营造一种俯仰开阔的气势。科教片《冬枣》，第一段主要介绍冬枣的特点，点出冬枣虽好，但人们并没有"拿它当台子戏"；第二段的开头却是"三十年河东，三十年河西"，一下子拉开了两个段落之间的距离。

"高岸为谷，深谷为陵"，段落之间的安排，强调差别要大，应该像瀑布一样，不断产生落差，才会吸引观众。

3. 亦真亦奇——构思与细节

细节是影视作品中的亮点，对观众有着极强的感染力，人们往往会因一个动情的细节潸然泪下，或一个滑稽的细节捧腹大笑。一辈子治沙栽树的老人徐治民，面对耗费毕生心血培育的防护林被砍伐殆尽，82岁高龄的老人坐在遗存的树墩旁，默默垂泪，《难圆绿色梦》中的这一细节，让观众也和老人一起沉浸在欲哭无泪的哀伤中。细节"不是作用于我们的眼睛，而是作用于我们的心灵"，它是影视作品的精华，对塑造作品形象、表达作品主题思想、推动情节发展、反映事物的本质特征等起着不可替代的作用，细节虽是"小菩萨"

却能"显大灵"。真实、准确、独到的典型细节描写,能使作品达到情景交融的意境,塑造鲜活生动的艺术形象,从而得以鲜明地表达主题,具有较强的艺术感染力。

(1)细节真实

巴尔扎克曾经这样说过:"当我们在看书时,每碰到一个不正确的细节,真实感就向我们叫着:'这是不能相信的!'如果这种叫喊次数太多,并且向大家叫,那么这本书现在与将来便没有任何价值了。"这虽是对文学而言,但同样适合于影视作品。作品中的细节,不仅要像现实生活那样具体、生动、可信,还必须像现实生活那样明了、亲切。在《半个世纪的爱》中,一对农民夫妇,一前一后去菜园,默默地保持一段距离,但在过小木桥时,老大爷却不由自主地停下来,回头看一下,拉一把老伴,然后两人又继续一前一后地默默往前走。一个小小的生活细节,将老两口相濡以沫的深情于无声处体现得淋漓尽致。

细节应该是真实的感性生活提供给编导的,而不是杜撰的东西,生活的细节真实与生活的本质真实是一体的。

(2)细节奇特

都江堰水利工程堪称人类水利发展史上的旷世奇观,而"宝瓶口"又是都江堰水利工程的一个奇妙亮点:奔流不息的岷江水,在这里被"扼住喉咙,勒住缰绳",分流之后,水随人愿,滋润着千里平原。"宝瓶口"是李冰父子的伟大创举,也是整个水利工程的精华之所在。好的细节,也应该具有都江堰上的"宝瓶口"一样的风采:奇特、独一、巧妙。

一对夫妇相隔40年后重新团聚,《重逢的日子》让人们感叹"生活比戏剧还要戏剧化",其中情节的几起几伏,几乎都是在细节的推动下完成的。在故事最后,女主人公与大陆丈夫去离婚,本以为一切顺利,所以女主人公显得轻松愉快。可是,当办事人员说房子是他们夫妻的共同财产,她无权一人获得房子时,女主人公的脸色一下子变了,当即说不离了。这一细节,使故事急转直下,直接引出故事结果:虽久别重逢却不能永远相守,前夫只得独自回台湾。

4. 行云流水——构思与表现技巧

有了一双善于发现的眼睛,对于编导来说,还是远远不够的。发现了事物独特、有魅力的一面,只是创作的第一步。如何为独特的发现寻找到最恰当的表现方式,将它恰如其分地表现出来,使观众能够充分感知创作对象,这才是创作的关键环节。

在《京城百姓家》中有这样两集节目:《焦老师的家》和《谭宗尧一家》。同样都是要介绍一家 4 口人的情况,前者是教师之家,后者谭宗尧为话剧演员,如何根据他们不同的身份选择合适的表现方式呢?

在《焦老师的家》中,编导没有从"无私奉献,教书育人"这种最为常见的视角入手,而是围绕焦老师一家人对职业的选择展开话题。面对 4 个家庭成员,编导选择了性格活泼、正在首都师大读书的女儿进行采访,当问她当初为何报考师大时,女儿坦率的回答又引出了父母当时对女儿的不同态度。这种家庭成员之间的谈话相互激发、相互碰撞,形成信息场,信息在一些完整的生活段落中流动起来,看似随意但内在集中,气韵连贯地表现出了这一家对教师职业的热爱。编导以和这一家 4 口的漫谈结构全片。

而在《谭宗尧一家》中,编导紧紧把握住谭宗尧的独特身份，选择了一个类似舞台的场景，让谭宗尧在几束柔光中直接用京味语言向观众介绍他的妻子和儿女。编导运用这一结构形式发掘了拍摄对象的自身特点，在很大程度上弘扬了人物个性，使得全片浑然一体、严整顺畅，有一气呵成之感，深深地吸引了观众。

编导调动各种表现手段，并使其天衣无缝地融合，能够充分地表现主题。《方荣翔》一片中，在表现手术室中医生们紧张地抢救方荣翔，室外戏迷们紧张地等候手术结果时，"戏迷在等待"这组画面用的是定格处理，而且是无声的，但它给予观众的感受反而更加紧张焦虑。这正是由于采用的艺术手段适应了片中此时的内在情绪节奏，因此才使内在情绪节奏与观众的观赏心理节奏相吻合。"清水出芙蓉，天然去雕饰"，是技巧运用的最高境界。

5. 别有洞天——构思与节目形态

一部作品在确立了主题之后，还应该选择一种生动、感性的声画元素作为载体，以使作品主题得到更好的揭示和传达，更确切地说是使作品更加好看、更加情趣盎然。

那么形象载体确立之后，用什么样的形式把这些抽象的形象变成鲜活的画面，才能让观众感到身心愉悦、乐于接受呢？是用主持人有机串场，还是采用人物表演，还是采用多种形式结合？为自己的作品寻找一种合适的节目形态，同样是编导思维创新的一部分。

一种新的节目形态的出现，就好像是向社会公众隆重推出一位"新星"，能让观众眼前一亮，留下深刻印象。《东方之子》第一次把人物访谈作为节目的主要表现形式，开创了以人物讲述为支撑的节目形态，突破了普遍认为电视不适合展示人物谈话的禁区。随后在《中国报道》《读书时间》《今日说法》《十二演播室》等节目中，访谈都成为节目的重要结构段落和情节依托。访谈这种节目形态的使用，使《东方之子》等一大批此类节目展现出崭新的面貌。

节目形态多种多样，可以是短小精致的纪录片，可以是专题报道，可以是人物访谈，也可以是多种形态的组合。不管采用哪种节目形态，关键问题是要在与内容贴切的基础上，突破常规，寻求一种新的格式。节目形态的不断丰富，促使编导在构思过程中不断推陈出新，创造新的节目形态。技术推广片《刘大嫂的猎兔经》，则直接摆脱了用主持人串联或直接用解说讲技术的传统形式，请了一名演员"刘大嫂"，边表演边讲述，收到了很好的收视效果。

编导对节目形态的构思，亦是如此。好的电视节目构思，是在刚性的格式化后面，体现出自己有弹性的个性化。生态地理节目《泉上的城市》，旨在通过对"趵突奇观"形成原理、消失原因、补救措施等方面的解剖，让人们能够了解、热爱、保护生养自己的一方水土。节目的要求是深入浅出，贴近自然。针对这一要求，出现了几种不同的策划方案。一种为讲解版，包括"泉上的城市"和"城市下面的泉"两部分内容。通过对济南泉水辉煌的回忆和对济南泉水干涸的原因剖析，以话外解说来说明道理。这种节目形式，清晰明确，是科普片一贯采用的节目形态。一种为调查版，采用科学调查的方式进行，通过对"大漠里的圣水——月牙泉"的濒临干涸和"城市下的奇观——趵突泉"的停喷进行深入调查，将跨度极大的两者联系起来，在调查中说明道理，得出结论。另一种则为谈话版，包括"泉水复涌""泉水难饮""看泉、饮泉两相宜"等内容，

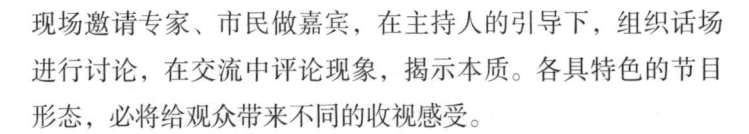

现场邀请专家、市民做嘉宾，在主持人的引导下，组织话场进行讨论，在交流中评论现象，揭示本质。各具特色的节目形态，必将给观众带来不同的收视感受。

（四）构思的把握

编导的构思不是一成不变的。随着创作的进展和深入，构思也随着变化和深入，甚至会改变构思的初衷。也就是说，在任何一部作品创作完成前，编导都要经历一个再思考、再体验、再构思的过程。

编导在头脑中构思好的创作框架，在文稿写作、现场拍摄等物化的实践面前，会受到严格的鉴定和检验。符合目的的，立即付诸物化；不符合要求的，便被新的精细而又具体的构想所代替，这其实就是编导对构思的不断调整，也就是创作构思的不断修改与完善。《召里村家庭精神文明百分赛》的编导在谈到创作体会时说："最初对片子的构思就是通过正面反映一个家庭的一日生活，以点带面地反映整个村实行'百分赛'的变化。但到现场拍摄时却完全推翻了原来的构思，现场重新进行调整。最后，片子通过反映几家落选村民的情况，从另一个侧面反映了当地精神文明建设的成就。"

作为创作的主宰，编导在构思时，既要考虑到整体与局部的关系，又要协调各个部分之间的比例关系。比例失调，就会失去均衡感，还会殃及整体的完整与和谐。因此，编导切不可偏爱个别章节或段落，斤斤计较局部得失。

往往有这样的情况：一部片子中，个别场面或段落拍得非常精彩，只可惜放在整体里显得臃肿，甚至喧宾夺主，破坏了整体的和谐匀称。有一部介绍小水电的片子，其中有一集讲四川小水电丰富，中间来了一段有关熊猫的内容，接着又讲小水电。观众看的时候对熊猫更感兴趣，反倒没兴趣看水电了。这类问题的产生，源自编导对作品构思整体把握的功力不足。

编导对构思要有整体的把握，要具有大将的气度和风范，着眼大局，登高望远，方能"一览众山小"。

1. 内容与形式的统一

作品的内容与形式是对立统一、互相包容、互相转化的，两者互为依存。只有当内容美与形式美水乳交融、合二为一时，一部作品才真正成为美的创造。

从生活到创作，是从具体的生活内容与形态向创作者的创作意图和艺术表现手法的转换。郑板桥画竹的"眼中之竹""胸中之竹""手中之竹"3个阶段的转换，就是竹的内容与形式的逐步统一。编导在创作过程中，要为不同的内容寻求最恰当的表现形式。《回音·高原的灯》因为主旨是对理想、艺术的追求，主观色彩较浓，所以在形式美上写意性强。《泉上的城市》因为要介绍"泉"的奇观，旨在展示人与自然的唇齿相依，让观众从真实的记录中体味、接近自然，所以采用了纪实性的跟踪调查。

内容美主要作用于我们的心灵，形式美主要作用于我们的眼睛和耳朵。当内容美与形式美和谐统一时，创作者、节目、观众三者便成为一体。

2. 真实与表现的统一

艺术创作的最高境界是回归"自然"，这种自然是经过创作磨砺的自然，需要创作者利用各种艺术表现手段对现实生活进行反映。好的作品应是真实与表演的和谐统一。

知识类影视作品实际上是一种信息、知识的传递，在传

第四章 创新及创新思维的相关理论

递的过程中，信息知识的"丢失"是不可避免的，有时还是必需的，因为创作需要选择与提炼，但失真是绝对不可以的。真实性应该是知识类影视作品的第一属性。就拿科技信息的传递来说，编导需要把所表现的科技内容真正弄懂、吃透，才能确保科技内容的真实准确（包括概念准确、实例准确、数据准确）。

当然，编导所尊崇的真实，应该是再现与表现共同铸造的作品真实。作品要呈献给观众，就要向思辨性、审美性拓展，而不能停留在反映知识客体的"原生形态"、反映事物的"纯真原貌"上。编导要通过各种技术与艺术手段，在揭示生活本质真实的基础上，进行加工、创造，将自己主观审视下的客观与真实呈现给观众。为了强调再现真实而使作品成为景观资料、知识的堆砌罗列，或为了突出表现，而走向唯美、唯宣传功用，都是知识类影视节目创作上的误区。

3. 创作与欣赏的统一

近年来，西方有些国家提出"让观众欣赏科学"的口号，这给了我们的知识类影视编导很大启发。目前，我们的知识类影视片好像只注重编导的创作，而忽视了观众对科学美的欣赏。知识类影视作品，不仅要普及科学知识，还要表现知识美、科学美，让观众在接受知识的同时，欣赏知识。《宇宙与人》一片，就是以丰富的资料和可视性很强的画面，强烈地吸引着观众。它帮助人们探索宇宙诞生、生命繁衍和人类起源等奥妙，同时又唤醒人们珍爱生命的意识。既闪耀着科学的理性之光，又饱含着人文的情感之韵，因此具有诱人的魅力。

电视观众在收看电视节目的时候，有一种参与、求知和

··· 89 ···

鉴赏的审美心理，观众了解、接受了创作者所传达的知识与情感，获得了认知需求满足和情感满足，才能产生一种审美愉悦。编导在创作的时候，就要充分考虑到观众的这种鉴赏心理，通过创作，让观众欣赏科学。知识类影视节目要摒弃枯燥的科学说教，突出趣味性；要挖掘知识题材中的故事和感人的细节，或是增加节目的情感色彩，使科学知识从枯燥走向趣味。

4. 视觉与听觉的统一

电视是视听艺术，视与听共同承担着传播功能。据专家研究，听到的信息，观众能记住20%，看到的信息能记住30%，而边看边听效果更佳。声画并茂、视听兼备的综合传播，顺应了人类的生理特征，能够准确地向观众表现生活的真实性，揭示事物的本质。

传统观念认为，画面拍得越美越好，应当像绘画一样美，编导在追求画面美的同时，往往忽视了声音元素的存在。生活本身是有声有色有形的，画面能再现现实生活的形与色，但没有声音的画面仍然不能完整地反映生活情景。作品要以画面为主，借助声音元素共同表现主题，使作品的艺术效果得到升华。生态地理节目《泉上的城市》中大量使用了同期声，风声、雷声、雨声、水声、蝉鸣、鸟鸣等一切大自然声响的展现，为观众提供了一个充分贴近、感受大自然的氛围。

缺少画面意识，过分突出解说、音乐、音响，使画面成为解说的附庸，成为一种被动的存在，同样不可取。这种现象在科普节目中尤其多见，不应忽视。传达科学知识，要尽量利用画面将知识转变为直观形象，同时运用准确的解说把内容简化、条理化、通俗化，并合理地运用音乐、音响，增强其美感和艺术性。电视声画结合、形象生动的特点，恰恰是对公众科学意识、科学思维方式进行熏陶与感染的一大优势。

自然、和谐、完美、统一，是人们渴望达到的最佳艺术境界，一部优秀的电视片同样应该是画面、解说、音乐、音响等诸元素完美结合的产物。

5. 科学与艺术的统一

科学和艺术是人类文化之树的两大硕果，也是人类文明的一对翅膀。两者的结合，是真和美的融汇，是理性的逻辑思维与情感的审美思维的沟通，它们交相扶持，相辅相成，在理智和情感上实现渗透。

科学重在求真求实，艺术重在求美求情。它们都致力于同一目标，达到对宇宙、对生命、对人类心灵的探索。以传递信息、揭示科技奥妙为本的知识类影视片，正是科学与艺术的结合体。

科学性与艺术性的完美统一，是知识类影视作品的独特要求。知识类影视作品担负着普及科技知识，提高观众科学文化素养的重任。因此，知识类影视作品所传递的科学知识，应该是大众所喜闻乐见，能够自主进行接受与欣赏的。赋予知识以艺术的美感，以科学的理性来指导艺术的恰当表达，是知识类影视片科学与艺术的统一。生态地理节目《泉上的城市》就体现了这种结合与统一。片中的知识形象就是"水"，通过"水之美"来承载作品所讲述的知识：济南泉脉的形成、复涌的过程、保护措施等。

6. 片名与主题的统一

在典故中有"画龙点睛"之说。画龙要最后点睛，眼中一点虽小，却要经过慎重思考，其原因是为了传神。制作片名，对肖像画家来说就是点睛之术，对广播电视编导来说就是抓取眼神。

片名是作品的眼睛，观众欣赏时首先接触到的就是作品的题目，题目点得好，就可以使作品一下子抓住观众的心。反之，主题得不到升华，观众也不得要领。

一个富有新意的好片名，是主题的精彩外现，是对内容的精当概括。由于片名是作为内容的一个有机部分而出现的，因此，在设计片名时，一定要题文相符，做到片名与主题的完美统一。

一个好片名首先要切题。一个好的电视作品片名的确定，需要一个艰苦而又带有灵感的形象思维创造过程。它是编导对作品内涵不断深化认识，对作品主题不断提炼升华的历程，当然，也是对编导综合素质的一个检验。《泉上的城市》的片名，就是经过多次反复才最终确立的。初拟的标题是《雨落南山》，但是总觉得标题没有对主题进行个性化开掘。在长达半年的创作过程中，编导一直在对片名进行斟酌，最后确定了明快、质朴的《泉上的城市》这一片名。它作为承担形象思维的物质外壳，既具有个性，又颇能体现共性。观众一看则知说的是泉城济南，但"片言可以明百意"，"泉上的城市"已盛名不再，这与全国全世界范围内，人类对自然的破坏导致许多自然奇观濒临危急又何其相似，从而延伸开来，取得广泛意义。

其次要有吸引力，片名不但要经得起推敲，还要能激发观众强烈的收视欲望。片名也要尽可能简练（一般不超过7个字）、响亮、明确、贴切。片名的设计，也是一次创作，同样要求编导在创作过程中创新，片名的设计要真（真知灼见、真情实意）、新（新思想、新感情，摆脱老俗套、老调调）、美（音韵美、意境美）、近（贴近多数观众的理解能力）。

三、创新思维的物化和延伸

构思是编导大脑中的"蓝图",把编导的创新思维固化下来,用真砖实瓦把"蓝图"变成"高楼大厦"呈现给观众,才是作品创作的目的。创新思维的物化阶段直接关系到作品的成败,而编导创新思维的进一步延伸,又将预示着下一部好作品的产生。

(一)创新思维的物化

编导创新思维的物化过程,包括了案头物化和现场物化两个方面。案头物化,是编导通过各种形式的文稿写作,将大脑中的想象变成文字,对创新思维进行初步物化。现场物化,是指编导对拍摄和后期编辑制作进行动态指挥。

1. 创新思维的案头物化——文稿写作

编导在构思阶段,不断创新,在想象中对未来作品的内容和形式做出总体设计,对作品进行初步的孕育,包括确定立意、结构故事、探索形式、寻找细节等。在创作过程中,除强调编导要展开想象的翅膀,把科学知识变成视听形象外,还要重视思维成果的物质化,好比建一幢房子,要先把头脑中的构想落实到图纸上才能考虑施工一样,编导也需要把自己的创新思维及时地进行案头物化。变成可以反复研究的文字材料,这便是编导的文稿写作。

(1)构思与文稿的关系

文稿写作是编导艺术构思的最初物化,是编导创新思维的初步实施阶段,是编导创作过程中的重要环节之一。

编导的文稿写作,同样是一项充满创造性思维的、十分复杂的工作。把自己头脑中对作品的构想落实为明确、具体的文字，可以进一步完善创作者的构思，推动编导的思路向纵深发展，以至反过来对构思进行必要的修改和完善。同时，一部作品的策划创作往往不是个人的行为，需要集体的协同工作，如果没有一个详尽、明确的文字方案，整个创作群体就没有一个统一的创作纲领，"一人一把号，各吹各的调"，将会造成创作上的混乱和不统一。

编导的创作构思一般来说是和文稿写作交叉进行的，编导在进行构思的同时，要对自己的思维进行初步物化。编导在头脑中展开想象，对各个创作元素进行安排与设计。这种安排与设计是否合理，是否具有可操作性？知识的表达是否准确、清晰？这些都要在编导将自己的思维落实到文字上之后才会知道。《泉上的城市》一片，其中在表达泉群另有更直接的水源补给区时，编导在构思时设计的是，让调查者沿玉符河河道寻找水源，发现那里的水源地 30 年前就已断流，而济南的泉群 3 年前才停喷，那么它肯定还有更直接的水源地，于是调查者又返回，沿着山岭寻找。但编导在进行文稿写作时却发现，这一转折过程的表述极易给观众带来理解上的困惑，因为构思时缺少了对水源地的详细介绍。

通过文稿写作，编导的创作构思得到初步物化，创造性思维体现得更加明确，更加深入，更加富有条理，节目的内容也得到更加清晰明确、形象通俗的表现，使编导能够对作品创作有一个整体和细节的把握，对构思不断进行调整，把案头设计调到最佳状态。

（2）文稿写作的范围与形式

知识类电视节目不像电视剧，不可能写好剧本才去拍节目，但是文字仍然是这一类节目的先行者。各种形式的文稿

第四章　创新及创新思维的相关理论

写作，贯穿了编导创作的全过程。

　　创作构思开始之前，编导就要首先进行充分的文字准备，收集整理文字材料，撰写策划和选题方案。这种方案一般包括节目内容、题目、服务对象、片种、预计长度、主要形式、合作单位等内容；策划方案是作品的绘制蓝图阶段，是一个"纸上谈兵"的东西。其次编导应进行作品的可行性研究，写好采访提纲和拍摄提纲，以采集事实，挖掘知识，对编导的整体构思和具体创作内容进行操作性指导。进入拍摄阶段，编导要做好现场记录，并随时进行速记和随笔，记录下一些新想法和独特感受及一些有价值的素材。编辑制作前，要写好编辑台本。编辑台本包括画面和解说两部分，两者之间一定要有对应，同时又要有意义上的差距与错位。作品完成了，编导的文稿创作并没有结束，还需要整理出完整台本，并对自己的创作经验和体会做出理论总结，以不断提高创作水平。

　　（3）创新思维在文稿中的体现

　　编导要编制策划文案，把整个策划构思用文字和图表确定并表述出来，形成一份可操作的"施工图纸"。根据这个要求，电视策划方案必须具有可操作性，应该用一种让所有电视人都能读懂的语言去表述。节目策划书，是编导等节目策划人写给节目制片人和制作人看的，要把内容分条叙述，具有逻辑性，简明扼要，把它限定在一个实事求是的范围之内。比如在讲香港回归祖国的历史意义时，就要尽可能用三言两语简明扼要地点出来，不要讲太多的大道理，不要讲空话、套话。阐述创意，是策划书写作的关键部分。主要是从内容和形式两个方面，清晰地表达出节目的题材、选题、主题思想、节目类型、长度、表现技巧以及相关内容。

同时，策划书的写作也需要形象、生动，这样才能把编导的创新思维形象地表述出来，吸引更多人的参与和支持。策划书的风格可以各有差异，但在写作表达上都要注意这么几点：引人入胜地描绘策划主题，使之具有说服力和吸引力；详细地描述整体形象，展开策划主题，使之具有感召力；策划书要形象生动，离不开视觉化描述，因此要尽量用各种图表、实物照片来补充说明。

提纲是编导创作的思路，是安排拍摄内容和确定拍摄风格的依据。编写提纲之前，编导的思维常常是杂乱无章、随意联想的，一旦写成提纲，随意、杂乱的思考，就会变成一种概括、条理的思维系统。

解说词的写作是体现编导创新思维的重中之重。由于知识类影视作品的表述对象是科学知识形象，不同于其他节目，所以编导在写作上要着力把握。

文字语言需要"辞达"，但"言之无文，行而不远"。解说词的写作同时还要讲究文采，力求生动，才能把科学知识描绘得观众愿看、爱听。生动的语言不但形象具体、活泼多变、有声有色，而且感情充沛，散发生命的活力。

编导要把自己的创新思维，通过文字语言形式，经过验证、调整、修改、完善，落实下来，作为可以实施、可供参考研究的依据。在这一过程中，编导着力要做的，就是把自己的创新思维明确地体现、表达出来。

2. 创新思维的现场物化——动态指挥

一切艺术构想，只有经过一定形式的艺术表现，才能成为具体的艺术形象。编导创新思维的艺术表现，要经过摄像师对镜头视野内客观世界的捕捉，物化到磁带上，再通过后期的编辑制作，最终落实在画面上。因此，编导需要对拍摄工作、后期编辑制作进行动态指挥，将自己的创新思维进行现场物化。

对镜头拍摄，编导应当有自己的设计。具体镜头怎么拍，机位放在哪里，选择什么样的角度，运用什么景别，采取什么运动方式，编导都要心中有数，对摄像师提出自己的要求，把自己的创作思维转化到拍摄的每一个镜头中。《麦田革命——小麦节水高产之路》的编导在构思过程中确定节目的定位是面向广大农民的，因此在指导拍摄时，提出拍摄的画面不应是奇特、怪异的，而是换个角度，从常识中挖掘新的审美含义。比如拍摄根部的生长，黑暗的土壤陪衬晶莹剔透的根的伸展，给人一种大自然生物生长的美的愉悦。《回音·高原的灯》中，编导构思表达的主题是黄土情深，在指导拍摄时就要求摄像注意含蓄而不是直白，写意而不是写实。

拍摄过程中，编导也经常会对被摄主体进行指导，如告诉对方自己的拍摄角度，应该如何站位，如何走动，同时，还会对对方的谈话内容加以指导，如哪些地方多讲一点，哪些地方少讲一点，以及讲话技巧等。在《泉上的城市》一片中，编导旨在通过对调查过程的展示来揭示科学道理，所以对片中人物的活动进行了充分的调度。如让调查者最大限度地贴近植被进行观察、实验；引导调查者的行动路线等。通过这些现场指挥，把自己的创新思维直接融进了现场拍摄当中。

后期制作，是对原始素材进行加工，使其达到一定的表意功能，并提高节目品位的过程。这是对编导创作意图的修正和表达，是编导创新思维能够最后组织成篇、呈现给观众的重要一步。

各种镜头在未经巧妙地组合统一起来之前，只是许多零碎的片段，构图再美、信息量再大、表现力再强的镜头，若没有认真挑选和进行有意义的编辑，也只能像一块未经雕琢的玉石，难以展现自身的光彩。只有经过切割、磨洗、造型等过程，其才能展现出天生丽质，供人充分欣赏。这一过程也就是作品编辑中对前期拍摄的镜头进行挑选、切除、组合和排列的过程。它最终给观众的不仅是视觉心理上的流畅，更让观众从中获得一种积累的效果，这种积累就是编导的巧妙构思在制作过程中的融合。编导把自己构思阶段的创新思维，在编辑过程中，通过镜头的排列组合，展现出来，使得镜头的组合效果往往比多场景段落加在一起的效果更大。因此，后期制作不但是重造，而且是一种创造。

（二）创新思维的延伸

任何一次创作都有它的开始和结束，但从整个电视事业和节目制作来看，创作又是永无止境的。一次创作的结束，往往是另一次创作的开始。重视对创作经验的理论总结，对于丰富编导在节目创作理论方面的认识，提高编导创作队伍的整体素质和实际创作水平，无疑具有十分重要的意义。

编导通过理论总结，可以对节目的创作做出更为系统的思考，这是编导创新思维的又一次聚合，是编导创新思维的延伸。编导在创作总结阶段，要以新的眼光，从新的角度审视全片，重现创作思维过程，并对其进行梳理和比较，找出创作的成功之处，进行肯定和深入挖掘，同时找出遗憾和不足，进行新的创作思考，使自己的创作经验得到理论上的升华。《小麦——产量构成因素分析》一片的编导在创作完成后进行理论总结和对自己成功经验进行梳理时，发现此片在结构处理上仍有欠缺，有的段落处理平淡，有的画面表现力不强，由此进行了创作上的新思考。同时，编导创作理论上的成果和经验还能够供创作同行进行交流与切磋，从而提高电视创作队伍的整体水平。

第三节　新视域背景下广播电视编导的创新性转型

一、新视域背景下广播电视编导的创新思维

在新视域背景下，"互联网+"是一个重要方面，是体现广播电视创新的肇因与重要途径。"互联网+"因素不仅促进了广播电视中新技术与该产业业态的深度融合，客观上还促进了广播电视编导从各方面去适应这种新型业态的发展，从创编心理、创作方式与模式、新服务创造与新资源的开发等去适应这种变化。而其他逐渐出现的全新的传播手段，也进一步促进了这一急速变化的趋势。总之，在新视域背景下的广播电视编导创新转型中，如何加速广播电视编导与互联网的有效融合，实现该行业创造方式与模式的成功转型是一个重大的挑战。

（一）传播技术手段的改变对广播电视生产带来的挑战

新的传播技术手段，如为人们所知的"互联网+"就是其中最为重要的方面，对当前及今后很长一段时间的广播电视生产提出了新的命题与挑战。

以广播电视采集来说，"互联网+"不仅仅是将新闻节目平移到网络电视台、微博、微信和客户端，而是从新闻采集

开始，就要建立与受众的紧密联系。事实上，现在的新闻生产已经离不开用户的参与了。当新闻事件发生时，谁会第一个到达现场，是专业媒体的独家报道吗？当然不是，许多重大的新闻事件，第一个发出现场消息的往往是普通群众，他们借助社交媒体可以在第一时间发布最有冲击力的现场视频、图片和消息。对于很多重大的突发事件而言，这些第一手现场信息都是广播电视节目的重要线索，这在某种程度上弥补了传统媒体在某些新闻现场和新闻素材上的缺失。

以广播电视制作来说，"互联网+"意味着广播电视编辑等后期制作人员要以互联网思维为载体，在及时性、真实性的原则下，选择便捷、快速的互联网制作方式，利用云技术、大数据等先进技术，跨越时空的限制，对远距离新闻素材的获取和传输做到及时、高速和高效，争取做到与事件实际进展同步。所以，制作技术的互联网化，可以让广播电视节目更真实，受众能更及时了解身边发生的事件。

以广播电视发布来说，"互联网+"意味着广播电视编导要突破传统的节目传播途径和方式，不断拓展平台。现如今，微博、微信公众号、新闻客户端、媒体APP等方式充斥着受众的手机，传统的电视媒体受到了前所未有的挑战，同时，"互联网+"计划的提出也是国家对传统媒体发展的政策引导，所以，广播电视编导应依托互联网平台，挖掘和拓展新的广播电视传播路径，融合新兴媒体和传统媒体的优势，扩大广播电视的传播路径。

第四章　创新及创新思维的相关理论

（二）电视新闻编导"互联网+创新思维"的思路

1. 坚持三个基础原则不动摇

（1）坚持广播电视内容至上的原则不变

"内容为王"是媒体发展的永恒真理，不管时代如何进步，技术如何发展，对于媒体来说，内容是核心竞争力。因为内容是广播电视节目的根本，广播电视编导只有在内容的追求上下工夫，才能明确重心，才能在质的基础上深入挖掘。"互联网+"时代，技术革新日趋加快，新闻同质化严重。所以，广播电视编导必须另辟视野，挖掘自己独有的新闻内容。"互联网+""+"的不仅是内容生成和传输拓展，更是传播对象从受众到用户的转变过程，以及新闻产品服务意识的建立。只有品质化、专业化的新闻内容才是"互联网+"的起点和根本。

（2）保持广播电视真实性原则不变

广播电视的真实性是新闻的核心价值之一，正是因为新闻的真实报道、真实呈现，所以广播电视才具有较强的公信力和权威性。这是广播电视的一大优势。为了继续保持这一优势，广播电视编导必须紧紧围绕新闻内容的传播化、新闻形式的直观化、新闻形式的形象化等原则，充分调动电视视听的各个元素，采集真实的声音，展现真实的事件。

（3）持续提升广播电视编导的专业素养不变

广播电视编导不仅应该具备认真、敬业的职业精神，还应该具备独立负责的工作态度和合作创新的长远眼光。广播电视编导是具有过硬专业技能的技术人才，也是具有较强人格品质的优秀人才，应该在各种不同的环境、工作团队中，甚至是具有危险因素的环境中获取有用的信息和反馈信息，满足广播电视节目的素材需求。所以，好的广播电视编导有着不同的专业能力、气质和胆识，广播电视编导必须有自觉意识，时时更新自己的专业素养。

2. 转变广播电视编导的思维方式

（1）打破常规思维模式

很多节目不具备长期竞争的实力，所以最终会从观众的面前消失，究其原因不难发现，是陈旧的传统思维模式禁锢了节目的思维突破和创新。随着科技的突飞猛进，观众时时刻刻会被一些新鲜的技术所吸引。同一种制作模式、制作理念、制作方法的长期使用，会使节目思路单一狭窄、千篇一律，进而落后于其他媒体。而打破习惯性的思维模式，也并非对思维模式进行脱胎换骨，而是将传统的思维习惯和创新思维习惯相结合，从各个方面和角度深层次进行思维加工，通过大胆的假设和尝试，寻找各种思维的突破口，让广播电视编导能够将习惯性思维和创新思维结合应用，满足广播电视节目创新的合理性要求。

（2）培养广播电视编导的艺术创新思维

随着数字化时代、读图时代的到来，人们的思维逐渐突破墨守成规的模式，接受新事物的兴趣越来越浓。广播电视制作不仅是一门技术，同时还是一门艺术。对广播电视编导来说，在体现真实性原则的基础上，必须赋予节目创新的灵魂，以丰富的内容与多变的形式吸引观众，满足观众对节目新颖性的需求，最终将节目艺术化地呈现出来。所以，为了激发广播电视编导的艺术性创新思维，必须充分重视画面内表现主体的情感表现，在真实性原则之下，通过利用画内因素和画外因素，如形态、质量、色彩、动作、空间和时间交错等方式，充分调动观众的情绪和状态，引发观众与表现主体之间的情感共鸣。

（3）树立受众至上的思维理念

"互联网+"时代的广播电视形态多种多样，既有传统的大屏广播电视节目，又有微博、微信等社交媒体的推送消息，更有基于移动互联网的新闻客户端，但不管形态如何，以受众为中心的传播理念是不变的。在当下这个信息爆炸的时代，面对纷繁复杂的资讯，最终选择哪种媒体都由受众自己决定，所以，要想留住观众，使其成为潜在的用户，就必须以用户为中心。"互联网+"时代的广播电视必须是强调受众至上的产品，它能精准地找到受众的欣赏需求和欣赏习惯，借助大数据技术细致分析受众群，勾勒出他们对广播电视的偏好、口味等个性化需求，然后提供更符合受众需求的有针对性的广播电视产品。

（4）明确广播电视的产品属性

广播电视是一个新闻产品，一个新闻选题，优秀的电视记者应该关心"受众对这个事件是否感兴趣""他们最关心哪个方面""怎么呈现受众能更明白""如何提高受众的关注度""如何让受众参与进来""播出之后怎么接受受众的评价"？这其实就是新闻产品的生产过程。重申广播电视的产品特征，一是为了更清晰准确地定义其以受众（用户）为中心的生产诉求，二是为了提高广播电视的传播效果。

无论何种定义，广播电视的最终落脚点是收视率，如果没人看，广播电视的价值也就无从体现。

（5）明确广播电视的栏目创新

广播电视栏目创新是编导创新性思维的具体表现形式。

广播电视要想实现长远发展，就必须走广播电视的栏目创新之路，这是广播电视编导创新性思维的体现。创新的栏目设计意识和创新的编排思维能对电视栏目的质量产生较大影响，广播电视编导应不断提升持续创新意识，用内容丰富、形式多样的电视节目吸引观众。很多广播电视节目开播不久就夭折，而有些节目却拥有长久的生命力，原因就在于后者的广播电视编导善于思维创新。因此，广播电视编导要不断进行更新改版，才能使节目常新。

（6）增强广播电视的交流互动

媒体的发展经历了以传者为中心到以受者为中心的过程，即媒体为中心到受众为中心的转变。网络媒体之所以对观众有较强的吸引力，除了高效快速之外，还有就是其互动性较强，受众可以及时发表个人观点评论、点赞、分享、引导舆论形成话题。同样的一个新闻事件，网络媒体的报道或者呈现方式让受众的参与度发挥到了极致，而传统电视媒体的单线传播却没有很好地与观众进行及时交流，所以在传播上很受限制。如果广播电视编导能将交流互动融入广播电视，节目内容就会变得更加丰富，更有价值。

可见，在大数据、云媒体盛行的媒体融合时代，每个民众既是信息的生产者、信息的接收者，又是信息的传播者。在纷繁的信息面前，民众有太多的选择和较高的评价标准。在机遇与挑战并存的"互联网+"背景下，传统媒体想要在激烈的媒体竞争中占有一席之地，就必须制订长远的战略计划，依托互联网大胆进行传统媒体的转型升级。而这一艰巨的使命也为广播电视编导指明了今后工作的方向——以与时俱进的"互联网＋创新思维"的方式，打造观众喜爱的广播电视节目。

二、新视域背景下广播电视编导工作创新的策略

（一）积极借助新媒体时代的优势

第一，增强电视节目的真实性。新媒体时代更多的是带给受众一种真实感和生活感，如在互联网平台上，网民可以进行视频、语音等更为真实的交流，还可以关注他人、了解他人的动态。广播电视编导工作者可以把这种真实性融入广播电视节目中，如《奔跑吧兄弟》《花样姐姐》等真人秀节目，明星参与到节目中，让观众感受明星生活中的另一面，不仅能够拉近观众与明星之间的距离，还能够增强节目的真实性和生活性。

第二，实现电视节目的双向传播。互动可以说是新媒体时代最主要的特点之一，因此编导在电视节目制作过程中，必须要实现电视节目与观众之间的双向交互，如在电视节目中增设互动内容、创新互动形式等。在电视节目《中餐厅》中，店员与客人之间的关系改变了传统电视节目制作的方向，它让群众成为电视节目的主角，也就是说观众在成为节目参与者的同时，也成为电视节目的传播者，这就是双向传播，是编导工作者创新节目应该借鉴的经验。

（二）融入现代科技手段丰富电视节目的画面感

首先，创新电视节目的技术手段。对于传统电视媒体来说，无论是影像画面，还是音响效果，都远不及新媒体技术，编导工作者必须与时俱进，积极引入先进的制作，如数字信息、多媒体影音等，在丰富电视节目内容的同时，给予观众一种视觉上的享受。

其次，创新电视节目的运营手段。新媒体时代引导着我们不断创新，具体到广播电视节目运营中，就是要突破传统单一的运营模式。对于电视节目编导工作者来说，在确保传统业务的基础之上，应该积极创新和拓展业务范围，实现运营模式的放开。这种放开要从节目的整体定位、编排、策划、包装、宣传推广和经营管理多个方面入手，实现电视节目的跨界，增加电视节目的服务性。

（三）挖掘电视节目中的文化内涵

一方面是节目文化内涵的挖掘。例如《天天向上》脱口秀节目，节目以推广礼仪、公德为主题，采用歌舞、情景剧表演以及访谈的形式录制，然而随着脱口秀节目种类的增多，《天天向上》节目依然能够活跃在电视屏幕前，关键在于编导对节目自身文化内涵的挖掘，从礼仪、公德的主题延伸到教育、文化、国防等领域，丰富了节目内容，而且也向观众展现了节目自身的文化内涵。我们应借助《天天向上》节目内涵挖掘的经验，实现编导工作的创新。

另一方面是创新节目选材。选材是电视节目成功的关键，这就需要编导工作者在选材过程中把握社会价值取向，收集社会生活点滴，进而挖掘身边的题材。如《中国诗词大会》节目，紧贴弘扬传统文化的主题，主持人、参与者、评委团之间的互动与交流，让更多的人了解中国诗词，欣赏中国诗词之美，节目老少皆宜，且实现了电视节目场上、场下的双向互动，这也是对中国传统文化的弘扬与传承。

（四）不断增强创新素养

一要转变传统功利性倾向。通过电视节目的收视率提高经济效益，是编导工作的重要内容，然而盲目追求经济效益，忽略电视节目自身的质量，往往达不到预期效益，如《第一次心动》节目内容不符合社会价值观，导致节目播出不久就被叫停。因此，创新型编导不能够盲目追求利益，而应该在确保电视节目质量的同时追求经济效益。

二要提高编导的专业技能。面对现代信息技术的飞速发展，编导工作者要不断学习和进步，不仅要了解新媒体时代下的科技信息，同时还要能够将这些信息技术融合到自身的编导工作中，实现传统与现代科技的创新和融合。

第五章　新视域下广播电视编导创新培养机制的建构

第一节　我国目前广播电视编导专业的现状

一、广播电视编导专业分布情况

到 2020 年 12 月，我国开设广播电视编导本科专业的高校（含独立学院）共有 218 所（不含虽经教育部备案设立该专业但一直未招生的高校），其中"211 工程"高校 22 所，如北京大学、华东师范大学、中国传媒大学、哈尔滨工业大学等；一般公办本科高校 109 所，如上海戏剧学院、哈尔滨师范大学、青岛大学等；民办本科高校 20 所，如吉林动画学院、大连艺术学院、南昌理工学院、西安外事学院等；独立学院 39 所，如河北大学工商学院、南京师范大学泰州学院等。2008 年以前就开始招收该专业的高校共有 95 所，有 5 届以上该专业毕业生的高校 47 所。

二、广播电视编导专业人才培养规模与专业布点

目前我国广播电视编导专业在校生总数有 10 多万人，其中"211 工程"高校约 1 万人、一般公办高校约 5.7 万人、民办高校约 2.3 万人、独立学院 1 万多人。该专业在校生 1000 人以上的高校有 15 所，分别是四川传媒学院、南昌理工学院等。

2017 年我国广播电视编导专业毕业生人数达到 1 万人。

从设立广播电视编导专业的高校地域分布来看，中东部省份较多，西部偏少，有的甚至是空白。最多的 3 个省是河南、陕西、四川，都达到或超过 15 所。

第二节　新视域下我国高校广播电视编导专业构建策略

一、构建"广电编导为基础、新媒体技术为前沿"的人才培养体系

当前，应用型高校在广播电视编导的人才培养过程中存在不少问题。首先，很多地方高校的广播电视编导专业人才培养目标过于宽泛，缺乏细分化的分类和梳理。其次，由于广播电视编导专业属于艺术类招生，招收分数相对其他专业要低，因此，不少学生理论素养和学习积极性较为欠缺。再次，一些高校把学生招收进来以后，将培养方向更多地局限在虚构性质的节目中，如影视剧、MTV 和广告等。对于在各大广电媒体中占重要内容的新闻类和纪实类节目，广电编导专业学生的认识却较为模糊，专业知识存在一定的狭隘性。最后，不少学校的培养方案和培养目标，未能充分考虑到新媒体突飞猛进的发展状况，以及传统媒体迅速向数字媒体转型和融合的现实图景，对于人才定位的前瞻性和创新性明显不足。

针对新媒体发展的迅猛态势，一些应用型高校已经开始进行认真思考和探索，在延续以前的广电编导人才培养方案

的基础上，开始突破原有培养模式，分方向建设广播电视编导专业，并使专业方向尽量与新媒体的发展接轨，从而更加突出教学重点和培养目标。早在2009年，中国传媒大学就开始招收"广播电视编导与新媒体"专业的本科学生。目前，很多高校的广播电视编导专业都开始向数字媒体或新媒体领域拓展，向应用型高校广播电视编导专业和创新建设的方向倾斜。另外，还有一些高校，虽然广播电视编导专业并未分成新媒体或数字媒体方向进行建设，但是已经在广电编导的专业核心课程中开设了《新媒体概论》《数字媒体艺术》等课程。比如，临沂大学的广电编导专业，开设了大师课程《新媒体研究》，邀请传媒界的领军人物针对新媒体前沿技术和发展状况进行讲授，取得了良好的教学效果。

二、调整课程结构，改进教学模式，注重与新媒体技术紧密结合

当前，囿于传统教学模式的影响，一些院校的广播电视编导专业教学过于理论化，对实践教学重视不够，与新媒体技术紧密结合的课程和实验实践课时更是少之又少。在《北京青年报》看来："实施公开招聘，最后录取最多的不是大学新闻专业的毕业生……实际需要的是既能跑动又有思想的记者，既能管版又能管人的大编辑，既懂媒体又懂经营媒体的管理者，既懂传统媒体，又懂新媒体的跨媒体人才。"由此可见，即便是传统媒体，也早已不再满足于对一般的新闻传媒人才的需求，更需要具备新媒体知识、掌握新媒体技术的复合型人才。

鉴于此，应用型高校要清醒地认识到新媒体的发展态势

以及其对传统广电编导专业所带来的影响和冲击，调整理论课程和实践实训内容，尽量与网络、手机、数字电视、数字广播等新媒体接轨。针对学生新闻知识薄弱而新闻又是广电和网络媒体重要内容的现实情况，在课程设置中必须开设与新闻相关的必要课程，以培养学生的新闻素养。在教学过程中，还要让学生更多地学习为手机新媒体或网络媒体进行视频内容的编导，学习为网站制作网页，运用音频和视频制作交互式超文本的新媒体内容，从而掌握和适应新媒体数字技术的不断发展。只有如此，学生未来才能更好地适应广电传媒业对于人才的需求。

三、落实软硬件建设，夯实和优化教学与实验根基

不少高校广播电视编导教育方面的一个显著问题是，很少有教师真正有从事广播电视业的经历，有从事新媒体领域工作经历的教师更是寥寥无几。实验室在培养创新、应用型人才的过程中发挥着重要作用，然而，国内大部分开设有广播电视编导专业的院校普遍存在实验设备严重不足的问题，可用于新媒体技术实验教学的设施设备就更是不容乐观。针对师资方面的问题，一方面各高校应通过鼓励年轻教师继续深造或进行交流，提高学历和专业水平。另一方面应积极支持教师参加新媒体专业、传媒领域的研讨会和论坛，开阔视野，更新知识结构。此外，可鼓励年轻教师利用假期到商业网站、各大广电媒体自办网站等与新媒体发展密切相关的单位实习，丰富实践经验。

在实验设备方面，应用型院校必须有"高投入"的观念，花费足够的资金引进专业高端的数字广播电视节目制作系统，

建成集数字音频录制、数字音频编辑、广播节目制作的多功能一体的传媒实验室，为学生的实践活动提供强有力的物质保障。此外，可专门建立新媒体实验室，主要满足网站建设和运作、动画制作、数字影视、手机视频等与新媒体技术密切相关课程的教学和实验实践的需要。

四、建立校内、校外实践体系，深化与新媒体企业的合作

首先，立足广播电视编导专业的自身特色，由专业教师牵头组织学生成立"新闻工作室""DV 工作室""数字影像工作室"和"新媒体工作室"等社团组织，然后依托这些平台，开展不同形式的活动，如定期举办校级的或院系级的新闻视频比赛、新媒体影像大赛、DV 短片大赛等。同时，教师还应牵头组织和指导学生积极创作作品，参加诸如上海大学生影像大赛、全国大学生 DV 大赛、"科讯杯"国际大学生影像比赛等，不断提升师生的专业技能和新媒体素养。

其次，建立学生自我运作和管理的电子期刊与广播电视台网站、制作和发布手机报等，在真实的传播环境中让学生加强对新媒体与传统媒体的区别认识，并掌握新媒体相关的理论知识和实践技术，熟悉各种编导技术和软件的运用，为未来就业做好一定的准备。

最后，应用型高校的广播电视编导专业应在校外互联网站、新媒体文化传播公司等建立实习实践基地，让学生在假期和毕业实习期间进入新媒体行业，从事传统广电和新媒体影视内容的编导工作，在实习实践中加强对传媒融合以及新媒体发展现状的认识和了解，拓展学生的就业理念，避免学生毕业找工作时把目光仅仅停留在传统的广电传媒行业。

五、增强人文素养，提升学生的文化内涵和个性魅力

广电编导的教学要依赖强大的技术支持，如摄像机、非线性编辑系统以及 Dreamweaver、Premiere 等各种主流设备与编辑和操作软件等。对机器的好奇以及急功近利的心理使得学生中技术至上的思想蔓延。然而，因为技术更新换代的速度非常快，所以技术的领先很难保持，但编导的个性魅力却能持久，丰富的情感世界和深厚的人文素养才是一个编导个性魅力的深厚基础和生命源泉。

因此，广播电视编导专业课程设置中的文化类、文学类、新闻类课程，因其学科特点很难看到立竿见影的效果，但是在学生人文素养以及综合气质的培养上却具有非常重要的作用。综观各大门户网站、视频网站、手机视频等新媒体，其中大量存在着由大学生和草根网民创作上传的微电影、纪录片以及手机短片等，能否获得网民和手机用户的广泛支持，往往取决于这些片子人文性、艺术性和思想性的高低，而非纯粹的技术性。

鉴于此，在广播电视编导专业的课程设置和培养方案中，应该既强调专业实践课的重要性，又强调基础理论课的重要作用，双管齐下，齐头并进，才能使学生在学习过程中不致偏颇。

总之，新媒体的迅猛发展得益于一个"新"字，但它更基于一个"旧"字。如果没有广播电视作为基石，新媒体不会发展得如此之快。所以，新媒体的出现，不会让广播电视走到尽头。相反，其在很大程度上还会大大促进传统广电媒体技术和经营理念等方面的变革与进步。因此，地方应用型

高校在制订广播电视编导专业人才培养方案和探索人才培养模式及课程设置时更应清醒地认识到这点。只有充分认识到新媒体发展对传统广播电视传媒以及广播电视编导专业的巨大影响，了解自身特点和传媒市场对于人才需求的实际状况，确定与新媒体紧密结合的专业人才培养方案和教学模式，才能缓解广播电视编导专业毕业生的就业压力，同时满足日益增多的新媒体对人才在质量和数量方面需求的提升，从而为专业的生存和扩张带来机遇，为专业的良性发展探索出行之有效的路径。

第三节　新视域下广播电视编导创新思维能力的培养

一、新媒体视野下培养电视编导创新思维能力的重要性

（一）是国家与社会的基本要求

创新是一个民族的灵魂，是当前国家以及社会对各领域发展的基本要求。媒体行业，是与国计民生息息相关的行业，作为该行业的工作人员，广播电视编导必须深刻认识到创新的重要性，认识到创新素质在当前时代对于人的成长的重要意义，以此为基础，加强对自身创新思维能力的培养，确保自身素质不落后于时代的发展。

（二）有利于媒体行业的成长与进步

从某种程度上看，媒体行业的进步，与工作人员的进步存在分不开的联系。在现代化环境下，如果广播电视编导仍

第五章　新视域下广播电视编导创新培养机制的建构

保持着传统守旧的思维理念，不思进取，那么媒体行业的发展很容易出现停滞不前乃至倒退的现象。只有加强对创新思维能力的培养，从电视节目的策划、拍摄、剪辑以及播放等方向着手，将该能力应用到各方面工作中，才能够使广播电视编导的个人价值得到更好的发挥，才能为我国媒体行业的进步提供更大的推动力。

二、新媒体视野下培养广播电视编导创新思维能力的方法

（一）在需求的基础上创新

需求即受众的需求。电视在媒体行业中出现的时间较早，发展的历史较长，因此总结了相对更多的经验，有一定的受众基础。近些年来，互联网的出现严重挤占了电视市场，对电视行业的发展造成了极大的冲击。为提高收视率，确保电视行业能够在激烈的竞争中脱颖而出，广播电视编导必须在考虑广大受众需求的基础上，体现出创新思维。

受众的年龄不同，对电视节目类型的要求也不尽相同。电视节目编导可以按照年龄将受众分为儿童、年轻人、老年人3个群体，分别对节目加以设计。儿童节目以动画片为主，考虑到当前教育领域对儿童英语水平以及其他各方面素质的高要求，可以将英语以及其他学科的教学渗透到动画片中，使之能够与时代的要求相符合，体现出创新的特点。年轻人精力旺盛，想象力丰富，思维方式多样化，且现代化特点体现得十分明显，考虑到这一特点，编导应提高电视节目的丰富性程度，将娱乐、体育、音乐、流行等信息相综合，充分吸引年轻人的注意力。老年人身体素质渐渐变差，一般更倾

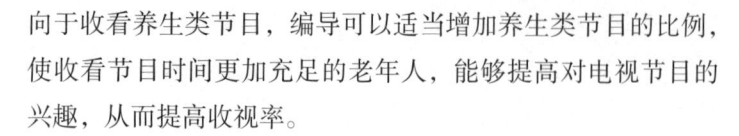

向于收看养生类节目，编导可以适当增加养生类节目的比例，使收看节目时间更加充足的老年人，能够提高对电视节目的兴趣，从而提高收视率。

（二）在竞争中创新

应在竞争中培养广播电视编导的创新思维能力。例如，可以组织电视节目编导比赛，将广播电视编导分为不同的小组，每个小组选出组长，负责对整个组的思路进行整理。比赛主题不定，各个编导小组可以发挥其优势，选择最具有吸引力以及编排优势的主题进行制作，通过评比选出制作出效果最好、吸引力最高、最能够体现创新的节目的小组作为优胜小组，并给予奖励。

采用比赛的方法，能够使广播电视编导更加深刻地感受到创新的重要性，感受到竞争的压力，进而为其提供创新的动力。采用小组合作的方法制作节目，能够使小组中组员的想法实现交流互补，进而使编导能够以他人之长补己之短，这对编导多样化以及创新思维能力的培养具有重要价值。

（三）在思想上创新

广播电视编导应从思想上认识到创新的重要性，应改变故步自封的缺点，在日常生活中，通过与更多群体接触的方法，感受不同群体的不同思维方式以及生活状态，从中不断获取灵感，使自己的创新思维能力得到培养，提高节目的多样性水平，提升其吸引力。

在长期的工作中，广播电视编导很容易形成固定的思维模式，对此，编导应努力走出这一怪圈，可以通过借鉴他人的编导思路等方法，降低编导思维的单一性，从而使节目的表现形式得以丰富，使创新得以体现。

（四）在业务素质上创新

应将业务素质的创新，作为思维能力创新的基础。广播电视编导应通过对现代互联网等技术的利用，从不同途径获取新的知识，拓展自身的知识范畴；在实践中，不断总结经验和教训，使自身业务素质得到更大程度提升，为自身创新思维能力的提升提供保证。

毋庸置疑，在新媒体环境下，广播电视编导应提高对培养自身创新思维能力的重视程度，在改变传统思想的基础上，从理论与实践2个方向，丰富自身业务知识，积极参加相应活动，谦虚地吸取他人的意见，进而使自身创新思维能力得到进一步提升，以确保能够达到时代以及岗位的要求。

第四节 新视域下广播电视编导创新思维机制的培养

一、电视新闻编导创新思维机制培养重要性分析

目前，随着我国电视新闻节目的不断改革创新，该类节目已在电视事业中呈现良好的发展趋势及发展形态。电视新闻节目的发展主体以节目编导展开。因此，编导的创新思维及意识认知直接影响着节目的动态发展。电视新闻节目主要以生活中现实发生的事物为编写素材，后针对具体要求对该类素材予以技术加工，在加工过程中融入编导的创新思维及创新想法，其创新思维得以在节目中展现。从主客观角度而言，这一行为均对节目的发展与创造具有相对重要的意义。

因此，广播电视编导的创新思维机制对电视节目的发展具有重要影响。

二、电视新闻编导创新思维影响因素

电视新闻节目随着社会的不断发展，已逐渐发展成为新型的艺术形式，影响着人们对社会的认知及看法。新闻节目的展开及发展基础主要建立在现实生活上，以社会中现实发生的事情为背景，实现对社会意识形态的认知及观点阐述。因此，电视新闻节目的创新发展，便成为目前该类节目持续发展的重要问题之一。电视新闻节目在运作过程中需体现其效率性及投资支出最低化，这就需要电视新闻节目的各工作人员，必须在社会事件发生后的最短时间内生产出高质量、低投入的新闻产品。因此，该类要求无疑提高了节目的创新要求及创新难度。

目前，我国电视新闻节目种类及规模均位于世界前列，国内新闻市场竞争压力巨大。因此，为了提升电视新闻收视率，抢占各新闻市场，各新闻节目主体应站在节目本质基础上，结合观众需求，培养新闻编导的创新思维机制，这样才能实现新闻节目的高效性。

三、培养电视新闻编导创新思维机制措施研究

（一）培养新闻编导基础综合能力

电视新闻编导是电视新闻节目的创作主体，新闻节目是公众了解全球动态及政治、经济等信息的有效平台，故而电视新闻节目编导在新闻编辑过程中必须坚持自己的政治观点及政治立场，以党和人民的利益作为节目创新的基础内涵，

第五章　新视域下广播电视编导创新培养机制的建构

不断提升自身的政治敏感度及政治鉴别能力，从而在审阅新闻稿件的过程中对相关新闻提出正确的政治观点，把握社会舆论，促进事件良性发展。

电视新闻节目在众多节目类型中具有相对特殊性，它具有高效即时性及时效性。现代化的信息时代，人们获取信息的途径逐渐增多，电视新闻节目编导每天均要面临众多新发的新闻事件，若不对该类新闻进行快速分类及编辑，则会影响节目的正常播出，从而影响节目收视率。因此，各新闻编导应不断提升自身快速编辑的能力，提升节目播放效率。

同时，新闻节目编导还应注重自身策划协调能力的提升。新闻节目内容在播出之前均要对各事件进行题材确定，并对各新闻中的重点问题及重点事件予以报道，以此提升新闻节目的播报质量。因此，编导的策划、协调能力以及各成员之间的协作能力均对节目的发展具有重要影响。

编导应变能力的提升也在节目发展中具有重要意义。电视新闻编导编辑工作具有相对开放性，在工作过程中常常会出现新的情况及新的问题。因此，若要提升节目收视率，提升节目的创作质量，各编导就应及时提升自身的随机应变能力，提升自我思维认知能力。

（二）激发新闻编导艺术创新思维能力

社会的不断发展使更多新兴事物逐渐出现在人们的视野中，传统思维定式逐渐被打破，人们开始逐渐接受新兴事物，而电视新闻编导作为电视新闻节目的灵魂，需要针对现阶段公众的发展需求提升自身思维创新机制，以创新思维实现新闻节目内容的形式创新。因此，各编导为不断提升自身艺术创新能力,首先应重视对节目的主体情感认知,使观众在节目中感受到情感依托,从而在心理上实现与节目内容的共鸣。同时,编导还应注重节目色彩的表达与呈现,在节目创造中,应用多色彩及时间空间交错模式展现情感基础及情感内涵,提升观众外感及内心认知的统一性;而且,编导还应利用各种技巧实现自身主体视觉因素的情感注入,这样可使新闻内容的外在感更具艺术形态。

(三)创造合理有效的外部环境

编导自身的综合素养在节目创新中具有非常重要的作用。同时,外部环境的合理性也影响着电视新闻编导的创新思维机制建立。因此,为了促进节目创新机制建设,电视新闻节目编导应具备独立的思维形式,摒弃外界环境中的干扰因素,在不同环境中获取有效的新闻信息及反馈信息,从而满足合理的素材需求。

(四)习惯性及创新性思维相互结合

思维习惯主要是指人们在生活及工作中逐渐形成的思考问题的思维定式,该项思维通常具有单向性,缺乏问题的双向认知及思考,考虑问题角度过于单一化,既具有消极影响又有积极影响。在此情况下,将习惯性思维及创新性思维相互融合,可实现思维的多方位、多角度思考,通过假设性思维,不断寻求正确的答案及解决问题的正确途径。因此,在新闻节目创新中可将二者予以结合,使其思维结构逐渐趋于合理化,有利于思维创新能力的提升。

(五)竞争与合作相结合

良性竞争机制的产生可有效促进行业的积极有序发展,

在竞争过程中各竞争主体间或许会产生一定的矛盾，但同时也会激发各竞争主体间的创新思维，从而促使群体发挥最佳效能。有研究表明，各群体内部的竞争会对内部目标的实现及有效发展造成一定的阻碍，但却会使内部各成员间的协作性增强。因此，各电视台在建立竞争机制时，应把握竞争机制的有效性，实现不同群体之间竞争机制的建立，如此便可促进竞争及合作的良性循环，有效创新节目，从而促进新闻节目的创新发展。

总之，随着社会的发展，公众对电视新闻节目的要求逐渐上升，电视新闻编导作为电视节目的主体，在节目创作及播出阶段都具有非常重要的作用。因此，在此前提下，应针对新闻节目的特点，不断加强新闻节目编导的创新思维建设，提升其基础综合能力，激发其艺术创新思维，创造合理有效的外部环境等，不断实现新闻节目创新，提升节目收视率，促进电视新闻节目完善发展。

第五节 新视域下广播电视编导专业的创新型教学模式

一、广播电视编导人才创新型教学模式研究与实践

（一）制订专业建设与整体发展规划，突出时代性

各高校应树立培养新视域下的广播电视"全媒体、应用型人才"办学目标，致力于广播、电视、电影、报刊、出版、网络及新媒体高素质人才培养和科学研究。在媒体融合背景下，高校院系要发挥自身在艺术领域的优势，及时把脉当下

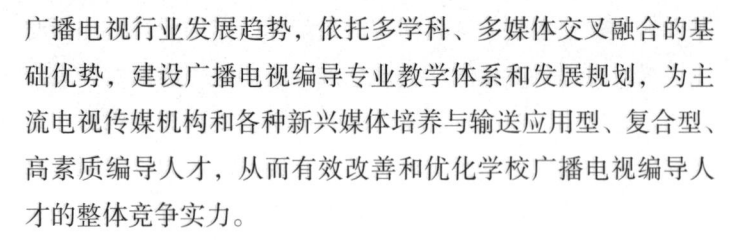

广播电视行业发展趋势，依托多学科、多媒体交叉融合的基础优势，建设广播电视编导专业教学体系和发展规划，为主流电视传媒机构和各种新兴媒体培养与输送应用型、复合型、高素质编导人才，从而有效改善和优化学校广播电视编导人才的整体竞争实力。

（二）调整培养方案与课程设置，突出全面性

培养方案是专业发展和人才培养的重要基础。虽然经过多年发展，很多高校的广播电视编导专业，仍呈现出严重的两极分化现象：文科生偏爱理论学习，虽说文化底蕴逐年增长，但实践动手能力较弱，无法将文字作品转化成影像作品，到了用人单位往往需要在技术环节从头学起，无法适应快节奏的传媒机构；理科生观念上存在着"重技术轻文化"的现象，虽然"上手快"使他们毕业后在传媒机构很快就能独立承担节目制作工作，但"轻文化"让其文化积累相对薄弱，工作一段时间后往往显出后劲不足的劣势：能够熟练操作摄像机等技术设备进行现场拍摄，能够熟练使用 Premier、Edius 等非线性编辑软件进行后期编辑，却不懂如何使自己的拍摄、剪辑风格与节目主题相匹配，更缺乏驾驭选题和提升作品内涵层次的能力。

围绕这一现象，高校应对课程体系进行有针对性的整改，努力营造"以基础教学服务专业教学，以专业教学带动通识学习"的良性氛围。比如有些高校在课程设置改革上，开设了持续 5 个学期的联合实习作品创作系列课程，分阶段对学生进行专项训练，使学生在循序渐进中掌握传媒专业知识和应用技能，并在实践中培养自主创新能力；第三学期开设出镜

记者出镜报道、电视导播、电视评论、纪实节目创作和节目创意等专业特色课程，有针对性地根据学生兴趣和特长强化专业训练；第五学期开设了新媒体艺术与技术选修课，将有志于从事新媒体行业的学生进行分流引导。大学4年还不间断地设置人文素养、电视理论前沿、媒体产业研究等专业选修课程模块，注重学生综合素质的培养，使学生学有所专、专有所长，更具应对就业竞争和市场需求的能力。

（三）打破储蓄式教学创新工作室模式，突出实战性

1."传递—接受"的课堂教学模式

广播电视编导传统的课堂教学模式基本按照"传递—接受"的模式完成，课堂侧重各类知识的储蓄式教学，以填鸭式灌输，却忽略了对学生发散性思维和创新精神的培养。比如有些高校采取了创新型学习模式，即通过建立工作室组织实践教学和实训活动、与传媒行业合作参与国内外各种视频类赛事，以及创新校内外实践实训平台，从而有效地促进了合作、展销、再创作的良性循环。另外，有些高校还大力丰富实践教学手段，以此调动学生的学习热情，使学生各方面专业能力都得到了有效训练。总之，这些学校力求将培养目标落实到节目编导流程中的每个阶段、每个环节。

2.创新型教学模式的体现

（1）模块一：环境开放的学习模块

高校可组织广播电视编导专业学生有效利用寒暑假进行专业实习活动。与各学期课程相结合，组织学生参与社会调查活动。在校园内，由广播电视编导专业的学生成立校园融媒体中心、新媒体公众号，开办节目创意小组，培养学生适

应不同媒体播出平台的节目创意思维,并在具体的节目运营过程中培养综合能力。

(2)模块二:方式灵活的实训模块

通过建立工作室承包具体项目,对学生影视艺术创意与实践能力进行强化实训。可以根据学生兴趣分为微电影工作室、纪录片工作室、广告工作室等。也可以打破原有思维禁锢,突破媒体类型的壁垒,按照节目生产流程,如摄影摄像、非线性编辑和影视包装等来设置工作室。

以制作产品的流程作为业务能力培养目标,通过专业工作室建立学生的全媒体意识,以应对未来的竞争趋势。

(3)模块三:双主体的创作模块

在创作过程中师生关系不再是单向度的传授关系,而是作品创作的双主体,教师作为平等的参与者可以鼓励学生的创作热情,挖掘学生的潜能,调动学习氛围。学校可通过学生参与赛事来凝聚学生团队精神,可以让学生参加国内外知名赛事,如中国上海大学生电视节短片大赛、亚洲国际青少年影像大赛、"半夏的纪念"、全国影像交流节暨全国校园DV和摄影作品大赛等,如此既能开阔学生视野,又能调动他们专业学习的积极性。

(4)模块四:面向市场的导师模块

在创新实践教学的过程中,采取"请进来、走出去"战略,把资深媒体人"请进来",成为学生的职业导师,成为让学生"走出去"的引路人,搭建与业界座谈交流的桥梁。学校与教师应多与电视台、网媒等加强合作,将实践教学成果与影视产品制作紧密结合,实现学生作业向作品的转化,并通过新媒体上的关注度和点击量,跟踪完成对教学或对学生的考核;

使学生的作品产业化，直接服务于社会和传媒机构，这样既实现了教学向生产力的转化，又有效检验了教学效果，刺激学生的学习热情。

（5）模块五：实时交流的互动模块

微博、微信的到来使传统信息传播形式发生了翻天覆地的变化，微博的局限一定程度上阻碍了信息传播，微信时代的到来让手机等智能终端成为真正的社交媒体主力军。现阶段，通过微信记录生活、表述情感已成为大多数人的生活习惯。广播电视编导专业的学生普遍有个性强、自尊心强、表现欲强等特点，他们更容易在网络上和社交媒体平台上建立自己的社交圈，这为教学交流互动提供了新思路。在广播电视编导专业教学中，教师利用微平台呈现学生作品，展示个人才艺，如微视频、微小说等，充分调动学生的学习热情。确立一个主题，引导学生展开讨论，锻炼学生的时评能力，提高他们观察事物的敏锐度和写作能力，创建完善广播电视编导系微信公众平台，为展示广大师生作品提供更大的舞台。

（四）打造"双师型"师资队伍，突出互补性

作为教师需要不断调整自身知识结构，与传媒业界建立密切联系，将编导教育的新理论和传播实践的新技术、新方法充实到课堂教学中，这对于培养新媒体格局下的广播电视编导专业人才显得尤为必要。高校应积极进行人才培养和人才引进规划，从渠道等方面加强建设，积极打造出一支"校企合一、双职双师、结构合理"的教师队伍，形成专任教师和业界名师比例平衡、优势互补、梯队合理的师资队伍。高校应要求专业教师不仅具备编导专业的相关理论知识背景，还要有一

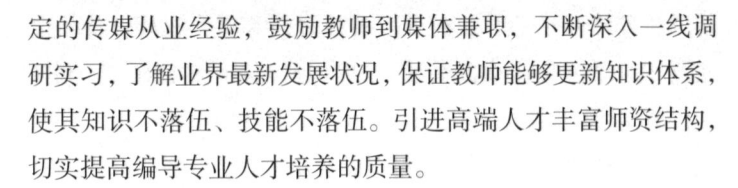

定的传媒从业经验，鼓励教师到媒体兼职，不断深入一线调研实习，了解业界最新发展状况，保证教师能够更新知识体系，使其知识不落伍、技能不落伍。引进高端人才丰富师资结构，切实提高编导专业人才培养的质量。

（五）推进科研建设与改革，突出创新性

第一，从创新的角度出发，增强广播电视编导专业教材的实践范围、策略与措施，让学生在实际的操练中塑造编导等方面的创造能力。第二，加强对课程、学科等的研究，在整合中提升教材创设、课程创新与教学实践的力度，让广播电视编导专业教材在反映当今媒体发展现状和本学科研究现状的基础上得到教学创新性的提升。

可见，在新视域背景下，我们在探讨全媒体时代广播电视编导专业的教学理念与方法时，应结合广播电视编导专业特色，摸索出符合时代需要的培养方案与课程体系，践行实践教学培养的途径，如此培养出的人才能既具有一定本校的艺术风格，又掌握影视节目制作的专业技能，并具备结合传统媒体与新媒体的融媒体意识，完成专业教学与人才培养的良性互动，与行业前沿契合接轨。

二、广播电视编导专业实践教学改革创新举措

（一）调整广播电视编导专业核心课程讲授与实践课环节的比例

为了培养出与社会接轨的高素质编导人才，全国各大高校将重点放在调整核心课程讲授课与实践课环节上，不断调整和修订更为合理的人才培养方案，但效果并不理想。这主

要还是因为实践教学的比例太小。因此，为了解决该问题，在处理理论教学和实践教学的比例上，要进一步加大实践教学环节的比重。特别是像广播电视编导这种以培养应用型人才为主要目标、需要很强动手能力的专业，如果没有进行过系统化的综合实践训练，仅凭在课堂上讲的理论知识，学生在毕业后是根本无法胜任与广播电视编导专业相关的工作的，所以必须继续加大实践教学的比重。例如，摄影摄像、非线性编辑、Maya等课程要求学生必须做课程作品；戏剧文学课要求学生以小组的形式排练戏剧；改变以往单一的一篇论文即可毕业的原始考核方式，要求学生以小组的形式制作毕业作品，让学生把学到的理论知识应用到实践当中去，既强化了理论知识又提高了实践操作能力；同时，学生又有充分的空间进行构思创新，拍摄出具有个性并反映社会现象的作品。

（二）加强师资队伍建设

好的教师对学生的帮助是非常重要的。要培养出一批具有较强的动手操作能力的编导专业学生，必须拥有一支不仅具有扎实的理论基础，还具有较高实践能力的专业师资队伍。学生在进行自主创作时遇到难题，教师可以给予相应的指导、帮助。

为了提高实践教学的质量，可以引进一些在一线工作过的、具有丰富实战经验的教师；同时，建立起校企合作的办学机制，邀请社会上的一些资深媒体人士为学生做讲座，或者聘请其为校外任课教师。对内，定期选派专职教师到国内知名高校进修学习，或者到业界挂职学习，在相应的专业岗位上进行实战训练。通过这些锻炼，教师自身的动手能力不仅得到提高，还能接触到该专业最前沿的知识，了解该行业对编导人才的实际需求，返岗后能够有侧重地向学生传授知识，让学生学到的东西能够更好地跟社会的需求接轨。

在加强师资建设方面，不仅要重视教师的教学、科研能力，还要高度重视教师的师德建设。另外，还要制定相应的奖励和激发机制，对于一些优秀的编导类技术型人才，给予一定的物质和精神上的奖励，为他们提供良好的就职环境，以激发他们的工作热情，让他们能够全心全意地投入到教学中，培养学生创作出更多优秀作品。

（三）建立"工作室"实践教学体制

"工作室"实践教学体制与传统的班级授课的教学模式相比，具有教学方式灵活、教学环境开放等优点，在国内外的艺术院校中都得到推崇。

"工作室"实践教学模式打破了以往传统的教育模式，摆脱了传统课堂按部就班的教学，让学生在真正意义上走出课堂。学生可以根据兴趣爱好，有选择性地加入适合自己的工作室。在这个工作室中，由教师做引导，学生之间采取互帮互带的方式，跨越课程鸿沟壁垒，使学生的知识体系综合起来。这样既达到课程知识间的融会贯通，又强化了学生的实践能力。

（四）开放实验室，构建开放的实践教学模式

实验室是广播电视编导专业必不可少的实践场所之一，是该专业学生实践课和实践创作的重要场所，在培养编导专业应用型综合人才中发挥着重要作用。学生在平时的作品创作中，需要用各种实验场所和实验设备把构思好的剧本转换

成影视作品，这个时候实验室无疑就成为他们的自由创作基地。除此之外，学生要完成教师布置的各种实训项目，很多时候都需要借助实验室来完成。由此看来，实验室的开放对广播电视编导专业的学生来讲尤为重要。

开放实验室是构建开放式实践教学的先决条件。构建开放式实践教学主要是摆脱传统的封闭式教学模式，让学生真正意义上从封闭的教学环境中走出来，为他们营造一个可以供他们自主创作、尽情发挥的创作环境，以提高他们的业务能力及专业综合素养。例如，实景演播实训室、非线性编辑实验室、光影实验室等实验场所应对学生开放。这里说的开放并不是指课堂上的开放，而是课余时间的开放，让学生在课后、假期时间也能够使用，为培养学生的动手操作能力提供强有力的设施保障。学生在课堂上了解并掌握了影视创作所需要的基础知识后，可以利用晚上、周末或放假等课余活动时间，到开放的实验室进行自由创作。学校也应鼓励学生充分利用实验室，多动手多操作，多创作出一些好的作品。

（五）通过"校企合作"方式联合办学

学以致用是教学的最终目的，特别是在全国多所高校转型为应用型本科院校的形势下，这一点更是体现得淋漓尽致。学生在学校打下了扎实的理论基础以及具备较强的动手操作能力后，将这些知识和能力应用到企业的实际生产中，从而实现理论到实践的转变。当然，学生在学校学到的知识是相对落后的，是无法满足企业实际生产需要的，许多技能和理念必须在企业的实际生产中去体验，通过参与到项目的研发中才能不断地提高个人的业务能力，拓展知识面，在工作之际实现与市场的无缝接轨。这样不但提升了学生自身的能力和学校的办学、科研水平，而且也为企业带来了便利和融入了新的元素，一举多得。

第六节 新视域下广播电视编导人才实践能力培养提升策略

一、增设新媒体技术类课程，强化学生的全媒体素养

在新视域背景下，传媒产品的生产和制作早已不拘泥于广播或电视等某种单一的媒体平台，纸媒、广播、电视和电影在内容生产和营销等方面，与网络、手机等新媒体的融合成为必然趋势。因此，很多高校的广播电视编导专业都在原有的主要与广播和电视节目采编、制作类有关的课程基础之上，增设更多新媒体技术类的课程，如音视频剪辑、网络新闻采编以及新媒体产品策划与运营等。此外，在广播电视编导的专业实践教学活动中，相关课程的教师应当高度关注微信、微博等自媒体的实践和应用问题，提高学生对于广播电视编导、新媒体发展以及媒体融合的认识和了解。

二、设立师生共建传媒工作室，积极与新媒体发展接轨

为适应广播电视编导专业及新媒体的发展现状，各高校相关院系可以设立不同类型的融媒体类工作室，让学生进行实践创作。工作室成立后，学生可以在教师的指导下，成立创作团队，定期或不定期在视频网站或其他新媒体上发表相关作品，这样既可以激发学生的创作热情，又可以提升学生

的实践技能。以某高校的文化与传媒学院为例，2014年，该文化与传媒学院广播电视编导专业与广播电视台共同签订了战略合作协议，依托"电视节目制作中心"从本专业大二、大三年级选拔实践能力较强的学生进入该中心。2015年以来，依托"纪录片工作室"，该高校在之前成立的社团基础上又组建了"纪录片创作部"，成功实现了向集报纸、网站、博客、微信等于一体的多媒体转型。

三、参加各级各类影像大赛，调动学生实践创作激情

当前，国内很多院校都会定期承办一些专业级的校级、省部级乃至国家级甚至国际性的影像作品大赛，每届赛事都会吸引校内外众多广电传媒专业的学子积极参与。一方面，各高校要大力支持和鼓励学生在视频网站、微信公众号等新媒体平台上推出自己的作品，提升专业自信和知名度；另一方面，要鼓励学生参加校内外与本专业相关的影像作品大赛或新媒体作品大赛，参与各级各类实践创新活动。通过鼓励学生参赛，可以促进学生专业实践技能的提升，作用和效果非常显著。

以教学效果较好的高校为例，其广播电视编导专业在近几年大力推行课内与课外相结合、集中与分散相结合、校内与校外相结合的学科竞赛方式，鼓励专业教师积极指导学生参加校级、市级、国家级、国际级学科竞赛。该校的广播电视编导专业每年定期举办"金话筒"主持人大赛、"传媒杯"学生作品大赛、全校影像作品大赛和广播电视编导专业的优秀毕业设计展播等学科竞赛活动，吸引了许多学生积极参与。

四、打造校媒多元互动平台，拓展媒体实践全新渠道

媒体融合时代，广电传媒人才需要具备全面的媒体素养和专业技能。为此，要积极拓展校内实训基地，将多种媒体形态进行整合。各高校都有非常适合广播电视编导专业学生的实践平台，学院有学院网站、微信公众号等；学校有学校网站、电台、电视台等。

为强化学生实践技能，适应新媒体发展的浪潮，高校的广播电视编导专业应加强与广播电视集团、影视基地、网媒等媒体单位或传媒公司之间的合作，从而提升该专业实践教学基地的数量与质量，让学校与社会机构的不同资源能够得到共享，从而促进学生的专业学术水准，为该专业学生未来的职业发展奠定良好的基础。

五、建设全媒体实训实验室，强化学生的新媒体技能

各高校应根据融媒体时代媒体发展以及传媒行业对广电人才的需求特点，尽快建立主要用于网络新闻编辑、新媒体产品策划与制作、全媒体采编、大数据新闻采集与分析等相关课程的教学和实训的新媒体实验室。在新媒体实验室里，广播电视编导、广播电视学、新闻学、动漫、美术、艺术设计、计算机软件等专业的学生可以进行资源整合和相互协作，将传统的广播、电视节目、微电影制作等融合为能够在网络、手机等新媒体中进行展示和传输的媒体产品。通过这种方式，既可以提升广播电视编导专业的实践能力，又能够强化学生的多元文化功底和新媒体运作能力，进而尽快适应新媒体发展对广播电视编导人才提出的全新要求。

六、针对媒体快速发展的现状，进行灵活的课外技能训练

广播电视编导专业的应用性非常强，高校要把学生培养成具备策划、编导、拍摄和剪辑的高素质复合型人才，不仅需要开设大量的实践课程，更需要在课程之外开设一些针对媒体发展和学生个性及喜好的技能训练项目，以弥补一些课程实训的不足。高校的广播电视编导专业应在每学期都给学生开设不同的技能训练项目，如艺术摄影、拉片分析、角色表演、影像解读等，这些技能训练的课程都必须有学时要求，一般不能低于16学时。技能训练的内容应紧扣教学要求，目的明确，针对性要强。为了充分调动学生学习的积极性，保证技能训练的实际效果，这些技能训练都应与学分挂钩。除认真完成训练的实践活动外，技能训练结束后，学生还必须填写技能训练手册，对每次课的实训内容及收获等如实进行填写。这种技能训练模式的实施，突破了单纯依赖课程实践教学改革增强实践教学能力的范畴，打破了课程实践教学与其他实践教学环节之间的壁垒，进一步拓展了学生的专业视野和实践能力。

第七节　新视域下广播电视编导创新创业实践能力培养策略分析

一、广播电视编导创新创业实践能力培养的背景

在创业教育活动开展当中，该板块可以说是其中的重点部分。对于创业教育来说，其是创业就业教育当中的一种教育

模式与理念，是对学生创业精神、能力与意识进行培养的教育活动。在影视编导专业当中，创业教育更是体现在该行业人员在政策及解读、法律意识以及文化产业管理等方面知识与能力的具备，创业教育使其不仅仅是某职位的求职者，更是工作岗位的创造者。同时，创业、创新教育两者之间又具有密不可分的关系：对于创业教育来说，创新教育正是其重要的出发点，如果没有了创新，那么真正的创业将无法实现；同时创业教育也是可开展创新教育的最终目标与归宿。

多年的实践证明，广播电视编导需要将创业训练能力作为其职业的重要引领方式，在重视创新意识培养的基础上将广播电视创作技能作为重要基础，以此实现该专业实践教学体系的建立，形成敏锐的行业目光、深厚的广播电视理念以及精湛的数字技术。

二、广播电视编导创新创业实践能力培养策略分析

总体而言，对广播电视编导创新创业实践能力的培养策略与方法主要有工作室沙龙、专业访学、项目合作、影视大赛、社会实践以及作品展览这几种。在具体教学实践培养活动中，这几种方式间有着相互补充的关系。其中，作品展览、社会实践以及影视大赛主要是对普通学生的创新意识以及创作能力进行锻炼与培养，而工作室沙龙、专业访学以及项目合作这几种方式是对精英学生的创新意识以及创业本领进行培养。从广播电视编导专业人员的具体工作要求角度来看，专业访学、项目合作以及工作室沙龙教学方式的应用能够使学生逐渐形成敏锐的行业目光，而影视大赛、项目合作以及社会实践这几种方式能够帮助学生获得更高的编导数字技术。

第五章　新视域下广播电视编导创新培养机制的建构

（一）专业访学

所谓访学，即是指具有一定科研能力、工作经验以及学术背景的人员，到相关学术机构当中进行短期的专业学习以及进修活动，可以说是一项重要的学术交际活动。当然，访学并不仅仅局限于专家、学者这部分的精英阶层，普通学生也能够外出进行访学。对此，可以将该方式应用到专业教学或行业人员中来，即组织校内的教师或该行业的人员开展专业访学，由其带领广播电视编导专业学生到中影集团、北京电影学院等进行考察学习与实践锻炼。通过这种方式，能够帮助他们了解行业的最前沿技术以及影视资讯的同时，在接触与感受的基础上使其从中进一步开阔视野、获得新的知识，且能够有效激发该行业人员工作的积极性与创造性。

（二）项目合作

在创新创业教育活动开展当中，重点并不仅是对部分的学术精英进行培养，而是强调在做中学，在对学生问题解决能力进行培养的基础上，也为其长远发展培养具有开拓性特征的素质以及价值取向，在使学生处于真实项目活动当中的基础上帮助其走出校园，进入到非模拟、具有真实特征的广播电视编导活动当中。对此，有条件的高校可以对自身周边的资源进行充分利用，在同制作公司以及剧组加强合作的基础上实现部分编导与拍摄创作活动的承担，开展合作拍摄活动。通过这部分实体合作项目方式，让学生能够在学以致用的基础上将课堂理论知识良好地付诸到创作实践当中，且在此过程当中学生的社交、团队合作、组织以及活动策划等创造能力都能得到有效提升。

（三）工作室沙龙

在广播电视编导人员的创业模式中，工作室可以说是一种经常被采用的有效的创新创业模式。该模式从通俗角度来看，是一种精英型的师傅带众多后辈学徒的创业方式。该方式具有明确的目的，能够针对该行业精英人士自身的特色进行针对性的行业性创设与安排，从自身的财力与能力出发，将最优的资源整合起来，创造出颇具竞争力的影视产品。同时，这种工作模式也有助于形成行业融洽的师徒关系，在工作当中，可以实现新老交替、长辈带晚辈的方式，有助于年轻人吸收成熟的编导技术与模式；在任务完成的过程中，有助于彼此的讨论交流，产生思想层面上的激烈碰撞。

（四）社会实践

社会实践也是新视域背景下对广播电视编导学生开展广播电视创新创业教育的一种有效方式。在此过程当中，专业学生能够通过专业知识的应用为基层提供服务，以此实现自身解决实际问题能力的增长。

（五）作品展览

对广播电视编导来说，作品汇展是检验其艺术水准、培养效果或工作成效的重要试金石，同时也是广播电视编导人员（包括已从业的和未从业的人员）创新创业活动开展过程的重要落脚点。以在校的广播电视编导专业学生为例，他们除了需要对命题作业进行编导与拍摄以外，在毕业时，还被要求能够以独立或者合作的方式创作高清1080P的微电影作品，拍摄纪录片、试验片以及剧情片。毕业作品方面，从最开始的选题策划、撰写剧本以及镜头拍摄到最终的策划布展等，都由学生承担，对于该专业学生的创新能力来说，是非常重要的挑战与考验，能够使其在压力下不断创新，进而实现自身实践能力的有效提升。

总之，高校教师或社会相关文化单位都应积极引导广播电视编导人员，从各个方面落实创新创业教育的实践能力与应用能力；从各个层面积极做好不同创新手段的有机结合，提供各种条件促进该行业从业人员不断提升其创新创业的能力与范畴。

第六章　新视域下广播电视编导创新型节目案例及其分析

第一节　"商业宣传片制作"中的编导文案创意能力体现分析

一、核心概念界定

（一）商业宣传片制作

商业宣传片是宣传片在商业活动中的广告应用片种，其区别于艺术片和新闻纪录片的根本特征是，从立项筹划到加工发行及市场应用，均具有一定的商业因素。

随着视频传媒的普及与发展，商业宣传片已逐渐成为企事业单位对外展示、信息沟通最方便快捷的桥梁。作为一种对宣传主体对象进行宣传的广告形式，与30秒以内的电视广告片有着千丝万缕的联系，在创作原则和创作理念方面有相通之处，但与其又有着本质的不同：它以其更加开阔的视野，从多个维度展示宣传对象的方方面面。承载的内容更加丰富，在表现形式上更具深度性和广阔性，一般在10～15分钟。商业宣传片从宣传目的的角度，可以分为形象宣传片、产品宣传片、招商宣传片等。从服务对象的角度，又可分为企业宣传片、景区旅游宣传片、学校招生宣传片等。

商业宣传片制作，包括为满足宣传服务对象而进行的宣

第六章 新视域下广播电视编导创新型节目案例及其分析

传片前期文案创意、现场拍摄、后期剪辑配音配乐制作等环节。随着商业宣传片市场需求的不断扩大,"商业宣传片制作"已成为高校广播影视编导专业的一门专业主干课程。

"商业宣传片制作"课程通过讲授与实践操作相结合的手段,不但让学生了解商业宣传片的基础理论,能够针对商业宣传片项目进行前期科学创意与精心策划,并能熟练撰写文案创意文本,而且掌握商业宣传片制作框架流程,能在实践中进行现场选景布局拍摄、后期技术制作等,将文案创意顺利实施。

(二)文案创意能力

文案,是由英文 copy writer 翻译而来,多指以语词进行广告信息内容表现的形式,有广义和狭义之别。广义的广告文案包括创意设计的背景、依据、概念、标题、内容、口号,以及对广告形象的选择搭配;狭义的广告文案仅包括标题、正文、口号的撰写。本书采用文案的广义概念,所论述的商业宣传片文案,是指以文字对宣传片的信息内容进行整体构思的表现形式,不但包括宣传片创意设计的背景、依据、概念、标题、内容、口号,而且包括对宣传形象的选择搭配。

创意,是广告设计制作中的重要概念。对它的理解,学术界各执一词,颇具争议。作为一个翻译词,"创意"在英文中可以对应 idea,也可对应 producing idea,有时也对应 creative 或 creativity。黄亮在《广告创意的符号表达》中说:沿着 idea 和 creativity 的不同词源,可知创意有广义和狭义两种概念区分。前者侧重于创造性思维,后者侧重于广告表现形式,即如何艺术化地进行作品表现。

美国当代影响力最深远的广告创意大师之一，广告创意"魔岛理论"的集大成者詹姆斯·韦伯·扬认为：创意是将商品、消费者以及人性组合在一起的种种事项。真正的广告创意，眼光也必须放在人性方面，重点从商品、消费者以及人性的组合角度去发展新颖的思路。

美国作家、导演，也是创意工作坊的老师朱莉亚·卡麦隆说："创意我不会教，我只会教大家如何让自己有创意。"故此，笔者认为创意是一种有据可依、有章可循的可步骤化的科学思维行为，是指将某种商品或服务的独特属性与人生阶段性的欲求进行优化整合的一种思维活动，说到底是一种类似数学中的排列与组合的思维方式。

创意能力是指不但能够将这种为解决项目问题所展开的科学有序的创意思维方式和思维习惯在本专业娴熟掌握运用，而且能突破专业局限，将其灵活运用并指导其他一切实践活动，最终取得显著成效的素质和能力。

文案创意能力，是创意能力在文案策划活动中的具体实践应用，是指在项目制作活动中，经过严谨细致的构思立意，将对象主体遵照影视制作规律，顺应观者需求，而对宣传对象素材进行整合梳理，演绎提升，选择恰当的形象搭配表现，并能将创意设计的背景、依据、概念、具体实施内容方案付诸语词表达的技术和素质。

二、"商业宣传片制作"的制作体现之案例分析

（一）五岳寨形象宣传片

本文案创意案例选择五岳寨，该寨子位于太行山东麓，

居于河北省灵寿县西北部,是由河北五岳寨旅游开发有限公司开发管理的国家森林公园,属于AAAA级旅游区。该宣传片主要用于该风景旅游区的形象宣传与推广。

(二)文案创意思维体现解析

1. 文案创意背景体现

2011年甲方已经制作过一部同样功能的五岳寨形象宣传片。

甲方领导对2017年形象宣传片制作的特殊要求:创意及表现形式的新颖独特。

2. 文案创意依据体现

文案创意的依据,主要指的是对有关创意信息的定位分析,包括消费者群体分析、山岳景观特点分析、传播趋势特点分析等。

(1)旅游者群体体现

通过近5年的旅游消费群体数据分析,五岳寨旅游消费者主要为石家庄周边100千米内的旅游消费群体,他们的审美水平较以往有所不同,喜欢寻奇涉幽,追求体现个性化和自我价值的自然人文风光享受体验。

(2)山岳型景观体现

山岳型景观的类型特征,决定了五岳寨在形象宣传时,要重点突出五岳寨自身天然形成的有别于其他景区的山岳自然景观,及后期打造的独特人文景观,突出其观赏性和休闲性。

山岳特征:五岳寨山势雄险陡峻,东南侧更是陡崖壁立,主峰海拔高达1946.5米,即使最低的山峰也在1880米以上。站在五岳寨峰顶极目远眺,立即心生一种"会当凌绝顶,一览众山小"的感觉。

植被特征：五岳寨植被覆盖率高达98%，且种类琳琅繁多，落叶松林、油松林、白桦林、枫叶林、核桃林等遍布整个园区。

水文特征：五岳寨水系属磁河发源地。在地质、生物、降水等的共同作用下，这里山泉、溪流、潭水、瀑布随处可见。著名的"燕赵第一瀑"落差108米，堪称北方最大的瀑布。

亚高山草甸：极目远望，这里绿草茵茵、繁花似锦，金莲花、银莲花、黄花、紫菀等五彩缤纷，芳香四溢。

云雾特征：不论山雨欲临，还是雨过天晴之际，五岳寨均会呈现一派雾锁层林的优美景象。此时此刻云雾外的大小峰巅，犹如大海中的小岛，变幻莫测。

亭台建造：五岳寨林海间，各式各样的亭台廊榭相连，古色古香、精巧别致，既装点了天然景致，又可供游人小憩。

国家步道：为方便游人观览，五岳寨景区内修筑了"三环两线"石阶步道12000米。

龙井茶：五岳寨有北纬38°45′的太行山脉龙井茶种植基地。

（3）传播趋势体现

随着新视域背景下视听传播技术的发展，尤其是手机终端阅读模式的变化，碎片化的展现传播阅读方式成为趋势。

3. 文案创意概念的形成

结合创作背景，通过以上定位分析，最终确定以碎片化时间展示影片长度内容，对景区景观人文分门别类详尽深入展现。将五岳寨景区的典型景色，通过专门的设计，辅以哲学层面的字幕及解说，舍弃原始阶段的景色介绍，将五岳寨景区的内涵品质提升至与游客的内心互动层面，以期能够形

第六章　新视域下广播电视编导创新型节目案例及其分析

成记忆点的动作行为，将各部分有机地串联在一起，形成强烈刺激，以期傲视同侪。

本宣传片最终设计从多个角度展开影片制作，每集不超过5分钟，探索开创了一种旅游景区形象宣传片，微视频段落式、分散式的传播模式，适应了当今碎片化的观赏习惯及手机终端播放的趋势需求。

最终形成了16集的小标题："阳光无限""月色袭人""山外有山""水曰润下""跬步千里""风月无边""桦语松言""草海花潮""磁水溯源""茶香五岳""云雾墨驼""墨驼红叶""凌波五岳""奇峡通岳""秘境神杨""迎客松风"。

4. 文案创意标题的形成

鉴于项目片集较多，故此选择其中的五岳寨亭台风光景致的《风月无边》一集的标题的创意形成予以展示。

借助思维导图，以"亭台"为核心词展开放射性思维联想，结合亭子自身建造特征，木质亭子、古典文化气息及有关杭州西湖湖心亭相关典故，最终确定了将本集标题确定为"风月无边"。

5. 文案创意内容及形象的选择

鉴于项目文案较长，故此选择其中展现五岳寨亭台风光景致的《风月无边》一集的文案创意内容予以展示。

风月无边（人文：亭台）

镜头内容：

司瓦岩"墨驼亭"（晨、全、移）；

司瓦岩"墨驼亭"、背景驼梁（晨、移）（注："驼梁"古称"墨黑驼"）；

第一瀑"紫烟阁"（上午、全、移）；

第一瀑"紫烟阁"、背景第一瀑（上午、移）；

寨倾西"望岳亭"（下午、全、移）；

寨倾西"望岳亭"、背景五岳寨主峰（下午、移）；

寨倾东"观潮台"（下午、全、移）；

寨倾东"观潮台"、背景草海花潮（下午、全、移）；

寨倾"二亭"（黄昏、全、移）（"二"＝"风月无边"）；

寨倾"二亭"、背景远山（黄昏、全、移、叠加五岳寨标志）。

片中字幕："得通其道，故述往事，思来者。"（竖版），相关景点名。

解说词：观四方而高；足下云漫；碧草连天；风月无边；五岳寨。

声效：风声。

备注：括号中"晨""上午""下午""黄昏"指的是拍摄时间；"全"指的是拍摄方式为全景；"移"指的是摄影方式为机位移动。

6. 影片播出方式

可用于电视台及网络的随机乱序播出。

7. 文案创意撰写

将梳理好的文案创意背景、依据、概念、标题、内容及影片播出方式按照逻辑顺序进行串联组织，并通过清晰的语词进行完整表达即可。

8. 文案创意评估

本项目文案创意内容经过甲方的审核修改后，达到了甲方要求，在规定的时间内，按照创意文案内容，乙方有序展开影片拍摄制作。

第二节　微电影《阳关》《格拉故事》中的编导创意能力体现分析

一、阐释编导与监制一体化在微电影《阳光》中的实践效应

（一）创作初期

编导工作与实践：以编剧身份根据自身校园生活故事，提取印象深刻片段，形成故事情节思路，明确故事主题与立意，将故事脉络理顺，形成剧本情节框架。

监制工作与实践：在创作初期，监制应当对剧本的构思进行了解，与编剧沟通影片的立意、主旨。对故事情节进行把控，对是否有不符合受众群体或政治立场有偏差的故事内容，进行筛选和确定。

编导与监制一体化的实践效应：在创作初期，编剧与监制一体化在《阳光》的剧本构思中有以下几个影响。①提高了剧本框架成型的效率，笔者以自身经历为创作依据，回忆发生在自己身上的真实故事，多个片段可形成素材。②从监制身份考虑每一个故事的可操作性以及立意的正确性，从而快速形成故事框架。③减少编剧与监制之间的思路分歧，每一个故事内容都会引发个人的思考，编剧通过自身理解和感悟进行剧本的构思。在与监制沟通交流过程中，监制也易产生情绪的共鸣或理解的分歧，一旦监制给出个人建议，往往会中断编剧的创作思路，对后续故事情节的创作开展带来困扰。④提高了编剧的责任意识，因为剧本的起源完全是个人的故事经历与思路，所以不容出现情节与立意的不确定性，没有

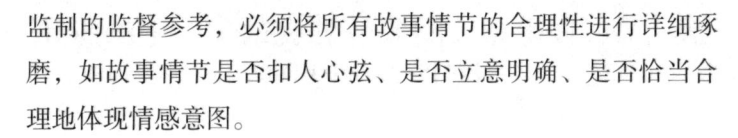

监制的监督参考，必须将所有故事情节的合理性进行详细琢磨，如故事情节是否扣人心弦、是否立意明确、是否恰当合理地体现情感意图。

（二）剧本及分镜头脚本创作

1. 编导工作与实践

剧本成型，要求编剧根据构思线条框架，用文字丰富人物角色的内心情感，使故事情节层层深入。笔者作为编剧身份，要求做到现实基础上的艺术化渲染，将人物特点在人物语言行为中直接明确地展现出来，形成完整的故事剧本。分镜头脚本的成型，是对导演的要求，导演需根据编剧的剧本内容，进行较强的艺术构思，在头脑中形成分镜头脚本，把每一个镜头的画面内容、演员的对话内容详细呈现出来，对拍摄实践给予最直观的操作指导。

2. 监制工作与实践

在剧本成型阶段，监制要求对剧本加以全面地把控，要通读剧本，详细了解剧本，根据剧本中的故事情节和人物出现顺序把握拍摄进度，从而安排拍摄进程计划以及每日的拍摄顺序等实际任务。

3. 编导与监制一体化的实践效应

在微电影《阳光》的剧本创作以及分镜头脚本成型阶段，编导与监制身份一体化所带来的实际效应有以下两点：笔者自身作为编剧，对故事情节与内容经过反复琢磨，对人物性格与语言动作经过详尽的思考，实现监制对剧本的监督效应。作为编剧，笔者对故事情节了如指掌；同时作为导演，笔者亲自完成了分镜头脚本的编写。而监制的通读、详读工作已经完全良好完成，对剧本拍摄计划的把握能够做到胸有成竹，镜头的拍摄次序也能够妥善安排，很大程度上提高了编导与监制角色分离后的剧本掌握效率。

（三）策划及拍摄

1. 编导工作与实践

拍摄前的准备工作要求导演作细致而全面的考量，形成拍摄策划方案，对各部门的分工做到心中有数，对各岗位成员的专业能力进行判断考量，规避在拍摄过程中出现各种不必要的分工环节失误，影响拍摄进度。策划环节中的一项重要工作——"选演员"，是导演的艰巨任务。因为一个适合角色的演员对整个影片的艺术效果有着相当大的影响力，演员的演技好坏也决定了影片的可看性，所以导演要根据剧本故事情节、人物形象进行切合人物特征的演员选择。而在影片拍摄环节，导演就是整个剧组的总指挥官，要做到眼观六路、耳听八方，对每个环节在拍摄过程中的工作效果、艺术化诠释都要进行观察思考。

2. 监制工作与实践

监制在影片拍摄前期要做到与导演的全面沟通，对导演的各部门人员选择进行监督管理，包括道具的管理以及场景的布置。在导演与制片共同选择角色演员时，监制也对演员的敲定负有一定责任。在拍摄过程中监制要做到对导演的每一个艺术创作环节进行把控和严格监督，根据现场拍摄情况安排拍摄日程，熟悉剧本场景，及时调整拍摄镜头，合理恰当安排镜头拍摄次序，保证拍摄工作的顺利高效进行。

3. 编导与监制一体化的实践效应

笔者在短片《阳光》拍摄前策划及拍摄进程中作为编导和监制，首先要完善好拍摄前的全部准备工作，对所有拍摄设备进行准备和监管，保证所有拍摄设备齐全，所有镜头的拍摄道具齐全。同时提前沟通确定拍摄场地及使用时间，以确保高效节能地利用每一个拍摄场地。在演员选择方面，笔者根据人物形象及人物性格，在可选演员范围内进行沟通，了解演员对笔者制定角色的认可度，和个人的驾驭能力，在演员本身对角色的表演喜爱度上判断其可否驾驭并准确把握角色。在拍摄进行前，笔者组织全部剧组成员进行拍摄准备会议，安排确认部门环节负责人员，确保各部门都有专职人员，避免拍摄过程中责任人缺失，等影响整体效率。同时笔者作为剧组负责人，不仅需要保障拍摄工作的顺利进展，还需要完善后勤工作，为演员和各部门工作人员周全考虑，保证演员及工作人员的心理状态良好，从而更加优质地实现最佳拍摄效果。在拍摄过程中，编导首先要能够为演员讲好每一场戏，把演员带入到人物角色之中，对经验不足的演员进行耐心引导，对个性较强的演员进行探讨式沟通，从而达成角色的最佳诠释状态。作为监制，在拍摄每一个镜头时，对演员则要求要做到"尽善尽美"，不能够由于多次的重拍而产生倦怠焦躁情绪，从而对某一镜头敷衍了事。全部工作人员，包括演员、摄像、灯光、声音都对某一镜头厌倦疲惫时，更是监制工作发挥作用的时候，监制要严格要求不断完善，直至确信零瑕疵。对于在拍摄前的策划阶段及拍摄过程中的编导与监制一体化效应，笔者通过短片《阳光》的拍摄过程总结为：策划过程中编导与监制一体化提高了编导的责任意识；没有监制的第二步把控，导演必须全面筹备，不能出现疏漏。拍摄过程中编导与监制一体化，首先能够使导演提高对镜头的整体要求意识，同时还可减少镜头拍摄过程中导演与监制之间的分歧。监制在监督导演的艺术创作过程中，必然会有个人的艺术鉴赏在里面，往往会与导演产生较大分歧，从而发生争执，需要终止整个拍摄进程进行研讨。而艺术创作又很难区分对错与优劣，欣赏角度不同，思维方式有别，就很难得到一致的解决办法，从而影响拍摄效率，而编导与监制一体化正是此类难题的解决方式之一。编导与监制一体化，增加了编导与各部门工作人员的联系，而非监制一人对各部门工作人员进行管理和把控，增加了编导与工作人员的连接性，也有利于影片拍摄的持续进展。

（四）后期制作

1. 编导工作与实践

在后期制作和剪辑过程中，编导要能够按照影片思路，及其想呈现的艺术效果，指导剪辑师进行剪辑，按照预想的效果，告知剪辑师如何安插特效，不断调整，实现良好的影片效果。

2. 监制工作与实践

监制在影片剪辑合成阶段，对剪辑成果进行监督，对艺术化的细节进行监督，对导演特效诠释的艺术性效果进行监督，最终对成片进行全面的整体审核，以避免在影片中出现任何技术性的瑕疵。

3. 编导与监制一体化的实践效应

在后期制作剪辑的工作中，笔者从大量的拍摄素材中进行详细筛选，将可使用素材从全部拍摄素材中剥离出来，同时区分同一镜头不同次序中的优劣部分，选用最佳镜头进行剪辑。在使用特效镜头部分与剪辑师进行细致地沟通探讨时，如在微电影《阳光》中就使用了一个特效镜头，主人公在这一镜头中表现出了较强的情绪波动，同时以两种状态出现在同一个镜头中，两种性格状态下的主人公进行对话，把主人公的情绪状态推到最高点。笔者与剪辑师进行了几次探讨，细致决定人物情绪转换的时间点，以及对话中效果最佳的剪切点，最终确定了镜头效果。编导与监制一体化在后期剪辑过程中的效应体现在：减少不必要的人力成本，对于所需镜头从素材镜头中的筛选可以由编导一人，或编导与剪辑人员的沟通来完成，不必要求监制的参与。剪辑过程中特效的要求与剪辑的整体效果是编导的艺术创作思维，监制的参与同样增加了分歧产生的概率，故要求编导提高对剪辑效果的监督意识以及对成片的审核仔细程度。

二、阐释编导与监制一体化策略在《格拉故事》中的体现分析

《格拉故事》是笔者 2016 年暑期在英国格拉斯哥城市拍摄的人物故事片。故事的脉络分为两个部分，分别为两位来自不同国家的女孩，在格拉斯哥这座城市中的生活感触，对这座城市的认识，对这座城市的美好记忆。微电影中来自印度尼西亚的女孩 Cyntha 展示了一份在异国的校园中收获的宝贵友谊。另一位匈牙利女孩 Zsofia 则以纪录片的方式走过自己钟爱的格拉斯哥每一个地点，讲述她内心的感受。

第六章　新视域下广播电视编导创新型节目案例及其分析

（一）拍摄筹备阶段编导与监制一体化的实践效应

1. 寻觅合作拍摄者，组织微电影创作团队

编导在编写创作剧本后，完成了剧本的调整和定稿工作，同时作为监制身份，要求对剧本的细节详加斟酌，全方位考虑剧本的合理性，分析剧本拍摄的难度系数。影视导演艺术是在剧本创作基础上的再创作艺术，《格拉故事》的拍摄运用了导演再创作工作中较为少见的创作方式——无具体剧本拍摄。笔者以编导身份，凭借较为清晰的拍摄大纲及分场景剧本即可进行拍摄实践，脱离了剧本的文字形象，直接通过影视导演的艺术创作手法去塑造人物形象。同时兼任监制身份，就对这一"无剧本创作"方式带来了更大可能性，但这并不是放弃剧本，而是省略剧本。监制身份会要求编导有一定的创作经验和较扎实的艺术功力。编导与监制身份一体化使得微电影《格拉故事》的"无剧本创作"方式得以实现。

2. 完成案头工作

笔者在剧本大纲完成后进行了导演的个人拍摄创作方向分析，同时组织创作团队一起进行了集体思路分析，统一认识。作为导演，向主创人员阐述了构思，希望激发大家的创作兴趣与拍摄工作的激情，同时也吸收大家的想法，大家共同出谋划策以丰富和完善编导的构思。作为此微电影的监制，笔者对主创人员进行了解，了解主创人员的艺术水准、工作能力以及对此微电影拍摄的积极度和对导演的认可度。编导与监制的一体化可以直接实现这样一个双向工作的过程，在《格拉故事》的拍摄团队中，笔者选择了3位主创人员，分别负责导演、摄像、剧务和场记，沟通拍摄内容。

3. 演员选定

笔者作为编导，根据构思以及形象设计和人物分析，来选择胜任角色的演员；作为监制，也应当对演员的选择进行分析把控。编导与监制一体化省去了重复性工作环节。选定角色人物之后，导演要对演员进行指导工作，帮助演员分析角色人物性格，揣摩角色内心情绪走向，甚至带领演员了解角色生活场景，根据自己的理解撰写角色人物小传等。《格拉故事》选定的两位主人公，分别是来自匈牙利的女孩 Zsofia 和来自印度尼西亚的女孩 Cyntha，故事片中要讲述两位女孩在格拉斯哥这座城市的生活经历，将主人公最希望表达的一段经历展现出来。因为是传记类故事纪录片，所以与演员的人物讲解可以轻松自如许多，并非刻画他人，而是在影片中呈现出最真实的自己、最难忘的故事以及内心深处的情感。

4. 场景选定

作为监制，对场景的选定肩负着监督合理展示艺术性和预算支出的责任。作为编导，在拍摄这部"无剧本"影片初期，要深入与主人公沟通，引导主人公的故事记忆，讲述发生在主人公身上的难忘故事，从而确定拍摄地点。编导与监制一体化实现了这两方面工作的集中完成。

5. 协助完成拍摄经费预算与拍摄计划

拍摄计划的监督掌控是监制的重要责任之一。为了成本的控制，拍摄计划必须合理且尽量紧凑。编导要根据创作难度以及创作规模，在艺术性不被约束且良好展现的前提条件下，协助确定拍摄日程和整体经费的预算情况。笔者从拍摄经验角度分析，此工作的主要掌控人员应当是编导，因为实现影片的整体质量是微电影创作的初衷，而监制若从个人角度确

第六章 新视域下广播电视编导创新型节目案例及其分析

定拍摄时间和影片成本很容易与导演产生冲突及不快，反而造成拍摄进度的拖延和不良情绪的滋生，对整体拍摄工作造成负面影响。在制定《格拉故事》的拍摄经费预算与拍摄计划时，笔者根据整体拍摄所需人员、道具、场地等确定拍摄支出，根据主人公讲述的故事情节，了解影片拍摄所需时间，确定整个拍摄日程计划表。

（二）拍摄阶段编导与监制一体化的实践效应

拍摄阶段的编导要定期与摄制组各部门工作人员确定现阶段拍摄方案，布置好拍摄过程中的各部门所负责的工作任务；落实各部门准备情况，研究并解决临时出现的各种问题；在拍摄现场要及时与演员说戏，指导演员表演，指导各部门工作人员顺利良好地完成整个摄制工作；也可以在拍摄工作没有完全完成进度时，将拍摄素材进行粗剪。拍摄阶段的监制工作要求监制对整个拍摄过程中的导演工作技能、艺术性创作水平、演员的角色表达水平以及各环节工作人员的工作能力进行全面监督。《格拉故事》的拍摄过程体现了编导与监制一体化的优势，减少了此环节监制工作的支出，增进了编导与各部门工作人员的沟通和理解，更高效、顺利地完成了《格拉故事》这一微电影的拍摄。

（三）后期制作阶段编导与监制一体化的实践效应

1. 整理素材

后期剪辑开始之前，要对所有拍摄的前期素材进行整理，在整理素材的过程中，编导与剪辑人员要针对有意义和有价值的镜头进行记录及梳理，要进一步了解素材，为剪辑工作做充分的准备。监制同样在此环节要起到督促监督的作用。《格

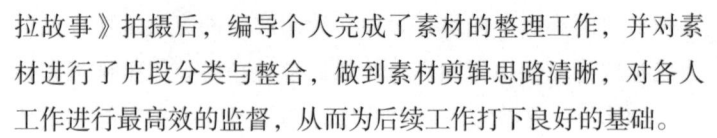

拉故事》拍摄后，编导个人完成了素材的整理工作，并对素材进行了片段分类与整合，做到素材剪辑思路清晰，对各人工作进行最高效的监督，从而为后续工作打下良好的基础。

2. 完成影片的剪辑

素材整合清晰之后，就进入到影片的正式剪辑工作，剪辑阶段一般分为粗剪与精剪两个阶段。监制需要在剪辑过程中对剪辑效果和效率进行不定期监督，从剪辑专业角度进行分析评价。笔者在《格拉故事》的影片中同样担负了剪辑的工作，完成了对素材的粗剪与精剪，也对个人的剪辑效果进行严格要求，在个人剪辑能力无法达到预期效果的情况下，及时向专业剪辑师学习相关技术，并要求剪辑效果毫无偏差。同时对后期剪辑的效率进行合理要求，从而在剪辑过程中良好地实现了编导与监制的一体化。

3. 声画合成

在完成剪辑工作之后，需要录音师将台词、音乐以及其他一切音响进行修整，在完成精剪之后，要根据编导的导演构想与录音师一起完成对声音的统一化处理。监制则需要对影片的整体后期效果，包括同期声、背景音乐以及后期录音都进行严格的审查监督。笔者在这一阶段，对《格拉故事》的音效处理进行了详细斟酌，增强所配背景音效的整体效果，凸显对人物情感的表达。实现了编导与监制一体化的良好效果。之后在完成色调的调整后，最终形成成片。

参考文献

[1] 凯瑞. 作为文化的传播:"媒体与社会"论文集 [M]. 丁未, 译. 北京: 华夏出版社, 2005.

[2] 匡文波. 新媒体概论 [M].2 版. 人民大学出版社, 2012.

[3] 聂欣悦. 广播电视编导在现实环境下的发展 [J]. 西部广播电视, 2015(19): 130-131.

[4] 牛磊磊. 探讨广播电视编导在现实环境下的发展 [J]. 新闻研究导刊, 2015, 6(24): 101.

[5] 张芳. 广播电视编导在现实环境下的发展 [J]. 新闻研究导刊, 2015, 6(01): 69.

[6] 居红楠. 探讨广播电视编导在现实环境下的发展 [J]. 科技展望, 2015, 25(11): 241.

[7] 马瑶, 韩强. 新媒体环境下电视节目形态的创新探究 [J]. 科技传播, 2015, 7(08): 183-184.

[8] 郑云涛. 新媒体形势下对电视节目编导的新要求 [J]. 新闻研究导刊, 2015, 6(10): 107.

[9] 李军. 给摄像机装上"第三只眼": 兼论电视摄像师的编导意识 [J]. 声屏世界, 2011(10): 39-40.

[10] 杨术, 王淑华. 浅谈如何激发电视编导的创新思维 [J]. 长春教育学院学报, 2010, 26(02): 83-84.

[11] 陈一凡. 浅谈新形势下电视节目编导综合素质 [J]. 今

传媒，2013，21（01）：109-110.

[12] 文凡.广播电视编导专业背景下大学生社会主义核心价值观教育对策初探[J].荆楚理工学院学报，2016，31（5）：83-86.

[13] 李文丽.融媒体时代地方高校广播电视编导专业人才培养探析[J].视听，2017（12）：218-219.

[14] 李淑慧.广播电视编导专业开放式实训教学研究：以《电视文艺编导》课程为例[J].西部广播电视，2015（22）：21-22.

[15] 丁越.试分析现实环境下的广播电视编导发展[J].吉林广播电视大学学报，2016（10）：108+152.

[16] 赵琦.论电视编导创新思维机制的培养[J].今日科苑，2010（12）：163.

[17] 胡海.浅析"互联网+"环境下报刊新闻创新[J].中国报业，2015（12）：45-46.

[18] 田宇.电视栏目编导的创新思维与前瞻意识[J].今传媒，2011，19（5）：116-117.

[19] 樊国庆，郑传洋."互联网+"环境下电视数据新闻生产的可行性路径建构[J].南方电视学刊，2015（2）：34-88.

[20] 黄海滨.浅析电视编导素质与栏目创新[J].新闻实践，2010（3）：67-68.

[21] 王晓."互联网+"时代传统电视媒体的融合转型[J].中国广播电视学刊，2010（06）：69-71.

[22] 黄楚新，王丹."互联网+"意味着什么：对"互联网+"的深层认识[J].新闻与写作，2015（5）：5-9.

[23] 苟凯东. 电视新闻:"互联网+"时代的呈现与传播 [J]. 视听界, 2015 (3): 43-46.

[24] 谢淙泉. 浅析"互联网+"环境下新闻从业者的采编问题 [J]. 新闻研究导刊, 2015, 6 (17): 409-169.

[25] 邬晓红, 唐胜伟. 新媒体环境下对广播电视节目的监管 [J]. 视听, 2015 (12): 77.

[26] 都艳. 新媒体环境下电视节目创新趋势 [J]. 科技传播, 2014, 6 (14): 40+19.

[27] 华炜. 新媒体环境下电视新闻编辑的多样化研究 [J]. 西部广播电视, 2015 (17): 137-138.

[28] 苏小宁. 新媒体时代广播电视编导的创新改进 [J]. 西部广播电视, 2016 (20): 168.

[29] 邱静, 张梦平. 新媒体时代广播电视编导的创新与改进 [J]. 西部广播电视, 2015 (1): 91.

[30] 胡泊. 对广播电视编导专业实验课教学改革的研究 [J]. 新闻天地 (下半月刊), 2009 (10): 50-51.

[31] 左雪梅. 高校广播电视编导专业教学模式探索 [J]. 新闻世界, 2011 (8): 282-283.

[32] 时红燕. 广播电视编导专业学生技能培养探析 [J]. 东南传播, 2011 (10): 81-83.

[33] 王翎, 罗朋. 广播电视编导专业本科实践教学的创新 [J]. 青年记者, 2012 (2): 18-19.

[34] 虞杰, 金恒泽. 浅析新媒体环境下广播电视的特点与发展 [J]. 信息通信, 2012 (3): 277-278.

[35] 季涓. 新媒体语境下宁夏高校传媒人才培养模式研究 [J]. 教育教学论坛, 2012 (10): 39-41.

[36] 李帅帅. 新媒体时代广播电视编导的创新改进 [J]. 青年文学家，2013（24）: 229.

[37] 胡晓平. 新媒体视野下如何培养电视编导创新思维能力 [J]. 新媒体研究，2017, 3（1）: 98-99.

[38] 王玉娇. 浅析新媒体在独立学院广播电视编导专业教学中的应用 [J]. 新闻传播，2015（5）:59-60.

[39] 张方. 新媒体视野下如何培养电视编导创新思维的能力 [J]. 西部广播电视，2015（14）: 182.